AF250760

LE
COMMENCEMENT
DE LA FIN

Par LUCIEN DARVILLE

AVEC UNE LETTRE DE PAUL FÉVAL

> Ce qu'il faut surtout empêcher en France,
> c'est l'avènement de la légitimité, car elle
> représente les idées d'ordre, de droit et de
> religion qui sont les seuls éléments sociaux
> de conservation et de grandeur.
>
> BISMARCK.

Prix : 1 franc.

PARIS

BLÉRIOT FRÈRES, LIBRAIRES-ÉDITEURS

55, quai des Grands-Augustins, 55.

1879

NANTES, IMPRIMERIE ADMINISTRATIVE DE PAUL PLÉDRAN

Quai Cassard, 3.

LETTRE DE M. PAUL FÉVAL

A M. * * *

Bien cher Monsieur,

J'ai passé ma soirée entière à lire la belle brochure de M. Lucien Darville et je vous remercie de me l'avoir envoyée. Il n'y a point de titre. Moi, dans mon idée, j'intitulerais cela *le Commencement de la Fin*. Et, en effet, nous n'attendrions plus bien longtemps l'éclaircie, si une fée répandait ce paquet de bon sens, demain matin, à trois ou quatre millions d'exemplaires dans les campagnes et dans les villes. C'est simple, c'est vrai, c'est clair, c'est sage, c'est plein et c'est souverainement honnête. Là-dedans, toutes les questions du moment se trouvent élucidées sans effort, et je ne crois pas qu'il soit possible de mettre un meilleur *a b c d* entre les mains des personnes qui veulent voir goutte dans notre nuit politique, sans perdre leur temps à feuilleter des monceaux de paperasses.

Donnez un coup d'épaule à cet excellent résumé, si vous pouvez, et, en tous cas, faites mes sincères compliments à l'auteur, en lui disant que je n'ai pu me mettre au lit qu'après avoir achevé la dernière de ses quatre-vingts pages.

A vous de tout cœur,

PAUL FÉVAL.

I

SUFFRAGE UNIVERSEL

Quand la populace se mêle de raisonner,
tout est perdu.

VOLTAIRE.

M. Jules Simon, l'un des chefs de la démocratie con-
temporaine, a écrit quelque part : « Un peuple qui établit
» comme base de ses institutions politiques le suffrage
» universel, commet la plus lâche des abdications, car
» c'est l'abdication de la raison en faveur de la force.
» Un peuple qui affecte de ne plus croire qu'aux majorités
» est un peuple frappé de maladie mortelle, car il ne
» croit ni à l'honneur, ni à la probité, ni à la justice, ni
» à la liberté, ni à l'âme, ni à Dieu.

» Pourquoi, dit-il encore, ne pas décréter aussi que
» la majorité fait loi en physique, en mathématiques,
» en astronomie, etc., etc. ? Il n'y aurait plus besoin de
» se creuser la tête, de se fatiguer à l'étude de toutes les
» sciences. »

Voltaire lui-même l'a proclamé : « Quand la populace
» se mêle de raisonner, tout est perdu. »

On peut être moins sévère et surtout beaucoup plus libéral que Voltaire ou que M. Jules Simon, car les classes populaires, qui supportent la plus grande partie des charges sociales, ont par là même des droits incontestables à la direction des affaires publiques. Mais le suffrage universel, tel qu'il est pratiqué en France, produit fatalement les plus tristes résultats.

Chez les peuples barbares, chez nos ancêtres les Gaulois, par exemple, la force musculaire primait tout. Quand il n'y avait pas encore de langage, que les hommes n'échangeaient ou ne manifestaient leurs pensées que par des sons inarticulés, les faveurs publiques se portaient sur les plus robustes, les mieux constitués au seul point de vue physique.

Aujourd'hui, chez nous, en plein pays civilisé, c'est la partie de la nation la moins éclairée qui gouverne l'autre. Le paysan tout seul, qui est le nombre, avait le droit hier de nous imposer la République ; il a aujourd'hui celui de proclamer un troisième Empire. Tous les hommes qui se distinguent le plus par les qualités morales et intellectuelles, ceux qui ont usé leur vie au service du pays, soit dans la magistrature, soit dans l'armée, soit dans le clergé, soit dans les diverses branches de l'administration, soit dans les corps scientifiques, soit dans l'industrie; tous ceux, en un mot, sans lesquels notre France ne pourrait plus être appelée un pays civilisé, sont condamnés par le suffrage universel à laisser à quelques avocats, la plupart d'une valeur très-contestable, le soin de gouverner le pays.

Peut-on soutenir que le char de l'Etat doive être conduit par une masse ignorante et crédule, prête à se laisser guider par le premier beau parleur venu qui flattera ses passions et lui fera mille promesses plus irréalisables les unes que les autres ?

Personne n'oserait pourtant dire que ceux qui raisonnent le mieux doivent courber la tête devant ceux qui raisonnent le moins, quand ces derniers se trouvent en majorité.

Comment l'homme des champs, par exemple, connaîtrait-il les affaires de la France ? Il sait à merveille les histoires de son village, assez bien celles de son canton, très-peu celles de son arrondissement, mais pas du tout celles de son département. Et cependant ce sont les électeurs de la campagne qui décident toujours du sort d'une élection, et depuis un demi-siècle ils n'ont pas cessé de voter en faveur des divers gouvernements qui se sont succédé en France.

Les habitants des villes, parmi lesquels les membres de la classe ouvrière forment la majorité, ont peut-être un peu plus de connaissances politiques; néanmoins, autant et plus que les paysans, ils se laissent prendre aux mensonges les plus audacieux et tombent dans les piéges qui leur sont tendus par le plus habile à exploiter leurs aspirations, leurs désirs ou leurs besoins.

Le suffrage universel est l'arbre qui a produit tous les gouvernements d'aventure que nous avons subis depuis près d'un siècle. Il sera toujours un brandon de discorde entre les déshérités de la fortune et les classes en possession de la richesse. C'est à lui que la classe ouvrière doit d'être asservie au capital industriel, à lui que notre Patrie doit la dictature, les coups d'Etat, les guerres perpétuelles, le démembrement, la démoralisation, la ruine.

Les élections se font sur un mot d'ordre parti on ne sait d'où, et soudain les individualités les plus obscures se trouvent mises en lumière. Quelques exemples entre mille : Paris ordonne à Lyon d'élire le parisien Ranc, et Ranc, inconnu à Lyon, est nommé ; Lyon commande à Paris de nommer le lyonnais Barodet, Barodet est nommé; Paris a imposé aux Niçois le citoyen Récipon, de Nantes ; Paris a imposé aux Bordelais le trop célèbre Blanqui, et Bordeaux ainsi que Nice se soumettra.

Peut-on ne pas être attristé lorsqu'on examine la composition des Chambres issues du suffrage universel ? Prenons, par exemple, la Chambre des Députés actuelle.

Les avocats en forment à eux seuls les deux cinquièmes ; les médecins, qui ont en général une si grande aversion pour ceux qui s'occupent de nos intérêts moraux, y figurent pour plus de cinquante ; on y compte autant de journalistes et une vingtaine de professeurs. Quant à l'industrie, à l'agriculture, aux arts, à toutes les branches utiles ou pratiques enfin, il en est un grand nombre qui ne sont nullement représentés.

Et cependant, ce sont les agriculteurs, les industriels, les ouvriers, les commerçants, qui composent, en définitive, la partie principale et vivifiante du pays !... heureusement, car que deviendrait la France si elle n'était peuplée que d'avocats et de journalistes !

Nous ne parlons pas du clergé, qui est une des forces de la nation, la plus grande force morale, et qui n'est nullement représenté dans les Chambres depuis la mort d'un illustre évêque.

Le suffrage universel est, du reste, le plus capricieux de tous les despotes ; il ne faut, pour s'en convaincre, qu'examiner ce qu'il a produit depuis 1848.

A cette époque, quatre candidats aspiraient à la présidence de la République : Un inconnu, à qui le hasard de sa naissance avait donné le nom de Bonaparte, fut élu par cinq millions de voix ; Cavaignac, brave général, républicain modéré, homme très-honorable dans sa vie privée et vainqueur d'une formidable émeute, n'obtint que quinze cent mille suffrages ; Lamartine, le grand poète, le plus brillant des candidats, ne réunit que huit mille voix, tandis que Ledru-Rollin, le radical qui tant s'illustra par la rapidité avec laquelle il fit fortune et s'engraissa, était choisi par quatre cent mille électeurs.

Au 2 décembre 1851, Napoléon viole la Constitution, et il s'en confesse au suffrage universel qui vient lui donner l'absolution par sept millions cinq cent mille voix contre six cent mille.

L'année suivante, sept millions huit cent mille électeurs contre deux cent cinquante mille à peine acclament l'Empire, et durant une dizaine d'années les élections donnent au gouvernement des majorités d'une docilité et d'une complaisance à toute épreuve. Cinq ou six opposants à peine osent lutter contre ce pot de fer.

En 1863 et 1869, le suffrage universel manifesta quelques velléités d'indépendance, et l'opposition vit grossir ses rangs ; mais, lors du plébiscite de 1870, sept millions trois cent mille voix contre quinze cent mille vinrent donner leur approbation aux actes et à toute la politique de l'Empire. On sait ce qui arriva trois mois plus tard.

En 1871, le suffrage universel eut un moment de clairvoyance ; l'opinion publique, désillusionnée par d'épouvantables catastrophes, débarrassée de toute contrainte et de toute pression officielle, n'ayant point non plus à subir l'avalanche de cette presse mensongère et déloyale qui inonde de plus en plus le pays, envoya à la Chambre une majorité composée d'hommes véritablement sérieux, dévoués au bien public et animés d'un sincère libéralisme.

Il serait souverainement injuste de méconnaître la tâche accomplie par l'Assemblée nationale. C'est elle qui, quoi qu'on en ait pu dire, mérita seule le titre de libératrice du territoire, elle qui releva nos finances, rétablit notre armée, pansa toutes nos plaies et nous fit reprendre un rang honorable parmi les nations de l'Europe. Ce fut encore elle qui nous dota de la liberté de l'enseignement supérieur, vainement réclamée depuis si longtemps.

Et pourtant le suffrage universel, se laissant de nouveau aveugler, envoya, même durant l'existence de cette Assemblée, aux élections partielles et aux élections de 1876, un certain nombre d'hommes non-seulement nouveaux, mais légers, incapables, passionnés, et qui semblèrent s'être donné pour tâche unique de détruire l'œuvre commencée par la précédente Assemblée.

En vain, au 16 Mai, le gouvernement s'efforça-t-il de signaler à la nation les dangers vers lesquels elle courait ; encore une fois, le suffrage universel répondit comme il répond toujours à ceux qui lui conseillent, sous une République, de voter pour des monarchistes, en faisant revenir à la surface politique des individualités couvertes de l'étiquette républicaine, mais n'ayant absolument aucune valeur.

De toutes les institutions gouvernementales, le suffrage universel, il faut l'avouer, est celle qui prête le plus à la fraude.

Ainsi, aux Etats-Unis, où il ne s'agit pourtant que de choisir entre les différentes nuances de république, cette

institution est jugée et condamnée par tous les esprits sérieux et impartiaux, car elle a donné lieu aux manœuvres
les plus scandaleuses, et pourtant, ce sont les habitants
des campagnes qui, là comme ailleurs en majorité, laissent
encore, au point de vue moral et intellectuel, le moins à
désirer. Lorsqu'il y a une élection, par exemple, on em-
ploie de nombreux *repeaters*. Le repeater est un agent
payé qui, avant le jour du vote, se fait inscrire sous dif-
férents noms, grâce à la connivence des citoyens de son
parti, dans plusieurs quartiers de la même circonscription. Il y a quelque temps on arrêta une trentaine de ces
agents, à New-York ; l'un d'eux, à une heure de l'après-
midi, avait déjà voté vingt-sept fois. Il fut condamné à
deux ans de prison, mais le parti pour lequel il avait
travaillé ayant triomphé aux élections, on le grâcia
immédiatement ainsi que tous les repeaters appartenant
à ce parti.

Tout le monde sait qu'en droit l'élection du Président
actuel de cette République est absolument nulle et qu'elle
n'a été validée que pour éviter de plus grands scandales.

En France, la fraude ne s'étale pas encore aussi ouvertement, mais on peut néanmoins prédire presqu'à coup
sûr le succès au plus offrant, au plus menteur, au plus
habile à cotoyer les dispositions de la loi qui interdisent
de suborner les électeurs. L'important pour réussir n'est
pas de respecter la loi, mais bien, suivant l'expression
même de M. Gambetta, de savoir la tourner.

Aspirez-vous à la députation ? Vous vous informez
d'abord des principales productions et du commerce le
plus important de votre circonscription. Si, par exemple,
vous habitez un pays vignoble, vous achetez du vin aux
vignerons, des barriques aux tonneliers ; vous payez

sans marchander, de façon à semer l'argent dans la contrée, puis vous mettez en campagne toute une armée de courtiers en marchandises, de commissionnaires de toute sorte dont le commerce forme le but apparent, mais dont la mission réelle est de vous récolter des voix. En employant ce moyen, vous pouvez dormir tranquille; votre triomphe est assuré.

Et les promesses aux électeurs, qui pourra jamais les énumérer ? Dans les grands centres, n'affirme-t-on pas aux ouvriers que tel ou tel candidat fera diminuer les impôts et s'occupera de l'amélioration du sort du travailleur ? Aux habitants des campagnes, on tient un autre langage. Tel candidat qui, une fois nommé, s'associe aux mesures les plus anti-religieuses et les plus subversives, est allé, avant son élection, mendier des voix jusque dans les presbytères en offrant des sommes importantes pour la reconstruction des Eglises et en s'engageant à faire obtenir de fortes subventions du gouvernement.

Inutile d'ajouter que ces belles promesses sont aussi vite oubliées qu'elles ont été faites ; mais, dans la plupart des cas, elles ont décidé du sort de l'élection.

L'arme électorale la plus puissante, c'est certainement le mensonge, la calomnie, et on ne sait trop ce qui doit le plus surprendre de l'audace, de l'impudence avec laquelle on s'en sert ou de la naïveté, pour ne pas employer un terme plus énergique, avec laquelle on accepte sans examen toutes les bourdes que l'on vous jette à la tête au moment des élections.

Ainsi, que l'on s'imagine, même en admettant comme vraies toutes les faussetés qui ont été débitées sur l'ancien régime, qu'il soit possible, au bout de plus de quatre-vingts ans, de rétablir le vieil état de choses, voilà ce qui est inexplicable. Peut-on redouter sérieusement les horreurs de la féodalité, les empiétements, les prétendues captations du clergé ?

Par exemple, si l'on compare la dîme, cet impôt qui effraie si fort les masses, en y ajoutant même la corvée et la taille, aux charges dont nous sommes gratifiés aujourd'hui sous les noms variés de contributions foncière, mobilière et personnelle, prestations, portes et fenêtres, patentes, impôts indirects, etc., etc., on doit reconnaître que notre siècle de progrès a pour le moins aussi grand peur que son devancier de nous voir faire des économies.

Quoi de plus absurde que de prédire le retour des biens nationaux à leurs anciens propriétaires, quand, depuis près d'un siécle, soit par héritages, ventes ou mutations de toute sorte, ces biens ont changé mille fois de mains. Si une pareille mesure avait pu être prise, d'ailleurs, elle l'aurait été à l'époque de la Restauration, et c'est parce qu'on en reconnût l'impossibilité que le roi Louis XVIII fit accorder une indemnité d'un milliard aux anciens propriétaires de ces biens.

Et pourtant, toutes ces balivernes trouvent des auditeurs complaisants : les dernières élections se sont faites sous l'impression de ces calomnies. Il est donc naturel que, dans ces conditions, le suffrage universel ne porte ses vues que sur des avocats ou des journalistes, c'est-à-dire sur des hommes qui, habitués à plaider le pour et le contre, ne peuvent, pour la plupart, avoir de conviction sur rien.

On objectera peut-être qu'il vaut mieux, sous un régime parlementaire, appeler au gouvernement ceux qui manient le mieux la parole, puisque, dit-on, de la discussion jaillit

la lumière. A cela nous répondrons qu'en France, comme
partout ailleurs, les hommes supérieurs ont toujours été
et seront toujours en infime minorité. Peut-on espérer,
dès-lors, voir la lumière jaillir d'une discussion dans
laquelle plusieurs centaines de nullités, ayant d'ailleurs
leur parti arrêté d'avance sur toutes les questions, et prêts
à faire prévaloir leurs passions et leurs rancunes, se trou-
veront en contradiction avec quelques hommes éminents ?
Et si la lumière est une émanation de quelques intelligences d'élite, que devient-elle en face de la loi du nombre,
dans une nation comme la nôtre où la majorité n'entend
absolument rien aux choses du gouvernement ?

N'omettons pas aussi de ranger parmi les principaux
agents du suffrage universel les six cent mille cabarets qui
couvrent la surface de notre pays, et qui donnent une si
haute idée de notre civilisation. Si un propriétaire se per-
met, en temps d'élections, de donner un conseil à ses
fermiers; si un fonctionnaire, sans s'occuper de la question
politique, ose inviter ceux qui ont recours à lui, à voter
pour le candidat qui leur paraît le plus apte et le plus
digne ; si un membre du Clergé surtout recommande à ses
paroissiens de choisir avant tout des hommes convaincus
de l'importance de la religion, vite on crie à l'oppression,
à la tyrannie, à l'empiètement. Mais, le marchand de vin
du coin a un privilége spécial : chez lui on discute libre-
ment le mérite de tous les candidats, et naturellement, le
plus honorable est traîné dans la boue; il a toute facilité
pour patronner des candidatures aussi frelatées que les
liquides avec lesquels il empoisonne ses trop nombreuses
pratiques.

N'oublions pas non plus les commis-voyageurs, qui

pèsent d'un si grand poids aujourd'hui dans les conseils du gouvernement. Ils ont, paraît-il, acquis une science profonde de la politique en tournant autour des tables d'hôte et des billards, et en vidant force flacons. On ne s'en serait jamais douté; mais en distribuant à tout venant le bagage politique qu'à peu d'exceptions près, ils ont joint depuis quelque temps à leur bagage commercial, ce n'est pas eux qui contribuent le moins au succès des candidatures les plus hasardeuses.

Il ne faudrait pas parler à beaucoup de gens de leur enlever la moindre parcelle des droits que leur confère le suffrage universel; mais, par exemple, lorsqu'il s'agit de se soumettre à cette loi brutale, c'est une autre affaire; ces mêmes individus viennent vous dire que beaucoup de choses sont au-dessus du suffrage universel, et alors on en arrive à voir la majorité courber la tête devant les faits accomplis et ratifier toutes les extravagances, toutes les illégalités : depuis la première révolution, tous les gouvernements ont été faits et défaits par la seule commune de Paris.

En fait, on ne saurait trop le répéter, c'est le paysan, c'est-à-dire la partie de la nation la moins éclairée, celle dont l'indifférence en politique est depuis longtemps démontrée, qui décide toujours du sort de toute bataille électorale et qui, puisqu'il forme à lui seul la grande majorité, peut, en allant à gauche ou en revenant à droite, transformer du jour au lendemain l'état de nos institutions politiques; c'est lui qui profite le plus des avantages matériels du suffrage universel, de même que c'est l'ouvrier qui en profite le moins.

Une nation peut-elle considérer comme un droit la

faculté de se ruiner, de se corrompre, de sacrifier au profit d'une seule les intérêts de toutes les autres classes de la société, d'osciller perpétuellement entre le bien et le mal, entre la Monarchie et la République, entre l'ordre et le désordre ?

Nous laissons au lecteur le soin de répondre à cette question.

II

RÉPUBLIQUE ET RÉPUBLICAINS

> Soutenez la République de toutes vos forces, parce qu'avec ce gouvernement la France ne pourra trouver aucune alliance en Europe — parce que ce régime est, par sa nature même, un dissolvant, un principe de troubles, celui qui crée le plus de compétitions au pouvoir — parce que dans l'état actuel des mœurs françaises, c'est le parti des sots, des bavards et des brouillons, sans parler des repris de justice, bes banqueroutiers et des gens tarés de toute sorte.
>
> *(Lettre de M. de* Bismarck *au représentant de l'Allemagne, à Paris).*

La République peut être définie le gouvernement du pays par lui-même.

Pour qu'un pays puisse vivre et prospérer sous ce régime, il faut que l'immense majorité des citoyens ait une profonde honnêteté politique.

La forme républicaine exige plus que toute autre le respect absolu de la loi et les autres vertus civiques, telles que l'amour de la patrie et le désintéressement.

Or, ne pouvons-nous pas nous convaincre que ces qualités font presque totalement défaut à nos prétendus républicains ?

Ils nous présentent souvent comme modèle la République des Etats-Unis. Pour parler de ce pays en connaissance de cause, il faut lire ce qu'en ont écrit MM. Hubner et Duvergier de Hauranne ; mais, nous pouvons le dire dès maintenant, il n'y a pas plus de comparaison à établir entre les deux peuples, qu'il n'en existe entre un adolescent et un vieillard. Le régime qui convient à celui-ci ne pourrait être évidemment supporté par celui-là. D'ailleurs, les idées républicaines sont loin de faire des progrès chez le peuple que l'on nous cite en exemple, et nous n'avons ni ses mœurs, ni ses goûts, ni son tempérament.

Le Yankee est instruit ; il respecte la famille et la religion ; il a le sentiment de sa propre dignité et de la liberté des autres ; il est d'une activité extraordinaire et méprise le paresseux ; il se marie très-jeune, ne s'effraie pas du nombre de ses enfants et fait partie d'une société de tempérance.

Le Français est léger et frondeur ; il se rit de l'autorité et raille volontiers les choses les plus saintes ; il reste souvent célibataire ou se marie très-tard ; il crie bien haut : vive la liberté ! et se courbe sans réflexions sous le joug du premier despote venu. Suivant un mot fameux de M. de Bismarck, pourvu qu'en le frappant on lui fasse un beau discours sur la liberté, il se laissera volontiers bâtonner et rançonner. Le Français, avide de jouissances, se livre au plaisir et néglige souvent le travail. Quant à l'esprit de famille et aux devoirs qui en découlent, les dernières statistiques, en constatant la diminution croissante de la population, nous ont révélé combien nous étions inférieurs sous ce rapport à tous nos voisins, et surtout au peuple des Etats-Unis.

Les Américains sont des croyants. Boston fut fondée par les puritains, Philadelphie par les quakers, Baltimore par des catholiques, tous gens de conviction ardente, puisqu'ils n'émigrèrent que pour fuir la persécution religieuse. Les actes importants de leur gouvernement ne se font qu'après avoir imploré publiquement la protection divine.

En France, les partisans du régime républicain, et surtout les célébrités du parti, se font gloire de n'avoir aucune foi religieuse, et ils ne peuvent même pas souffrir que le nom de Dieu soit prononcé dans les Assemblées de la nation.

La République ne serait pas une forme de gouvernement inacceptable en elle-même; mais, en France, les républicains en font le pire des régimes. Avant qu'il ne fût au pouvoir, M. Thiers avait dit : « La République tourne toujours au sang ou à l'imbécillité » ; depuis, il a déclaré que la République serait conservatrice ou qu'elle ne serait pas. La République, en effet, est la Révolution en permanence dans un Etat, lorsqu'elle n'a pas pour elle la partie conservatrice, c'est-à-dire la meilleure partie de la nation. Or, la Révolution corrompt, glace et énerve les cœurs ; elle propage le culte de la force et de la fraude, et entrave l'exercice du droit et de la liberté. Elle forme des libertins habiles à profiter de tout, des poltrons dociles à tout, et des honnêtes gens, découragés de tout, qui se renferment dans leurs intérêts privés.

Quoi de plus significatif, d'ailleurs, que ce que M. de Bismarck lui-même écrivait en 1872 au représentant de l'Allemagne en France : « Soutenez la République de toutes vos forces : 1° parce qu'avec ce gouvernement, la France ne pourra trouver aucune alliance en Europe ; 2° parce que ce régime est, par sa nature même , un dissolvant, un principe de troubles, celui qui crée le plus de compétitions au pouvoir ; 3° et parce que, dans l'état actuel des mœurs françaises, c'est le parti des sots, des bavards et des brouillons, sans parler des repris de justice, des banqueroutiers et des gens tarés de toutes sortes. »

Ce jugement d'un homme auquel on ne peut refuser une haute intelligence, unie à une profonde science politique, quoiqu'il soit l'ennemi le plus acharné de la France, peut-il se justifier par ce qui se passe sous nos yeux ?

Ce n'est pas la République que les républicains veulent imposer au pays, mais bien leur République. — Sous l'Empire, quand nous nous imaginions qu'il y avait assez de républicains pour fonder une vraie République, nous fîmes longtemps des vœux en faveur de cette forme de gouvernement. Les évènements que nous avons vus se dérouler depuis, et la connaissance que nous avons faite des hommes et surtout des hommes publics, nous ont enlevé bien des illusions.

Le gouvernement qui recueillit les épaves de l'Empire n'était point, à proprement parler, la République, bien qu'il fût composé des membres les plus avancés du parti républicain. Il s'est occupé de beaucoup d'autres choses, mais il n'avait été institué que dans l'unique but de pourvoir à la défense du pays. Ce fut en réalité l'Assemblée nationale, issue du suffrage universel, et dans laquelle dominait sensiblement l'élément monarchique, qui, sous la pression du Président d'alors, fonda la République.

On pourrait intituler ce régime *la République des mo-*

narchistes, — et l'on sait quelle lourde responsabilité ce gouvernement eut à supporter. Il fallait payer une dette de cinq milliards, panser des plaies béantes, venir en aide aux victimes de l'invasion, réorganiser l'armée et tous les services.publics, rétablir nos remparts, etc., etc. L'Assemblée nationale, nous l'avons déjà dit, s'acquitta de cette grande et pénible mission avec un désintéressement qui n'eut .n'égal que son patriotisme. Mais, après avoir fait la Constitution, qui a été un moment notre abri, elle se sépara en laissant le pays entre les mains de nouveaux mandataires.

Ces nouveaux représentants, en grande majorité, se prétendirent républicains et avaient toute latitude pour établir sur des bases solides le gouvernement de leur choix. Que firent-ils ?

Ils donnèrent au monde le spectacle de la plus complète incapacité politique, passant leur temps en discussions oiseuses et irritantes, et poursuivant d'une.haine aussi aveugle qu'injuste les personnages les plus marquants de la petite minorité dont les talents leur portaient ombrage. Ils créèrent à plaisir des difficultés et des tiraillements entre la Chambre basse et le Sénat, voulant faire de cette dernière institution, qui est pourtant un des rouages essentiels de la Constitution, la très-humble servante de leur capricieux despotisme. Pendant quinze mois, ils ne soumirent aux délibérations du Sénat, dont le concours était acquis d'avance à toutes les réformes sérieuses, aucune loi utile.

Puis, lorsque fatigué de ce pénible état de choses, ému des plaintes qui s'élevaient de toutes parts, le Président de la République demanda et obtint du Sénat, conformément au droit qui lui était conféré par la Constitution, la dissolution de cette Chambre incapable et impolitique, on les vit s'insurger contre lui, le bafouer, le traîner dans la boue et se livrer aux derniers excès.

L'histoire dira un jour la campagne de mensonge et d'intimidation entreprise par ces mêmes hommes pour égarer nos crédules populations. Qui de nous ne les a entendus nous menacer, s'ils échouaient, de la guerre étrangère, de l'invasion, de la ruine ; évoquer le spectre de la dîme, des corvées, des billets de confession, et débiter à tous les échos de l'opinion publique tant d'autres absurdités ? Avec quelle audace ils attribuaient au gouvernement la misère, les grèves, la crise commerciale, qui pesaient alors et qui pèsent encore plus aujourd'hui sur le pays.

Ces calomnies, jointes aux fautes commises par les ministres du 16 Mai, firent échouer une entreprise qui n'avait d'autre objet, l'histoire le prouvera aussi plus tard, que d'en appeler à la nation du conflit soulevé par les chefs du parti radical. Les mêmes hommes revinrent à la Chambre, plus ardents, plus implacables que jamais, et déclarèrent audacieusement qu'ils ne toléreraient pas une seconde dissolution. Après avoir obtenu la passivité du Sénat, ils ne laissèrent plus au chef de l'Etat que l'ombre du pouvoir.

Depuis deux ans, nous les voyons à l'œuvre, et le gouvernement est à leur remorque. Rien ne les gêne dans leurs mouvements. Avons-nous lieu d'être satisfaits de leur domination exclusive ? Non. Au lieu de nous apporter la tolérance et la liberté, au lieu de prêcher la concorde entre tous les citoyens, ils n'ont à la bouche qu'injures et menaces pour ceux qui ne se prosternent pas devant eux. Dès qu'il s'agit de frapper un homme ou une institution qui leur déplaît, les sympathies des populations, les droits acquis ne sont rien à leurs yeux. Clergé, magistrature, armée, sont traités par eux en chose conquise.

On pourrait citer des hommes publics qui, il y a quinze ans, poussaient le zèle jusqu'à dénoncer aux procureurs impériaux, pour les envoyer à Cayenne, les républicains trop expansifs, et qui, aujourd'hui, commencent à trouver Gambetta très-réactionnaire et ne savent comment, sur leurs vieux ans, prouver leur attachement à la jeune République.

Rien d'étonnant à cela : le gouvernement ne demande à ses fonctionnaires, à la place de l'intégrité et des qualités morales, que de simples protestations de dévouement à sa République.

Tel de nos représentants, au bas comme au haut de l'échelle sociale, est d'une moralité déplorable, ne connaît que son intérêt personnel, et, sans relâche, poursuit de sa haine ceux qui ont le malheur de ne pas vouloir brûler d'encens en son honneur ; mais il se dit républicain, cela suffit ; inclinez-vous et passez, vous qui ne vous contentez que de l'être, sinon il pourra vous en coûter cher, car ce personnage est dans les meilleurs termes avec les députés républicains, et il porte un vêtement doublé de bonapartisme.

Tous ces hommes à peu près ne demandent la République, c'est-à-dire la chose de tous, que pour l'accaparer, pour se l'approprier, pour en faire l'instrument docile de leurs ambitions, de leurs rancunes, de toutes leurs passions enfin.

Où les trouve-t-on, si ce n'est parmi les républicains, les hommes plus occupés d'eux-mêmes que de leur famille, plus soucieux de parler en public que de faire le bien ? Leurs aînés se passionnèrent pour la liberté, pour la dignité humaine, pour la justice ; ceux de nos jours n'en veulent qu'à l'argent, aux honneurs et aux places, et ils craignent bien moins l'esclavage que la misère.

La plus grande vertu d'un homme public est le désintéressement ; c'est aussi la vertu la plus rare chez les républicains.

Au 4 Septembre, tous les fils, gendres et cousins, jusqu'au vingtième degré inclusivement, des républicains, se faisaient nommer, qui conseillers de préfecture, qui magistrats, qui percepteurs, etc., etc., choisissant le poste qui leur était le plus agréable. Un médecin prenait une préfecture ; un chanteur, un quatrième clerc de notaire se faisaient nommer sous-préfets ; les avocats qui s'étaient distingués dans les clubs se partageaient les parquets généraux et ceux de première instance.

Auquel de nos républicains, d'ailleurs, doit-on décerner la palme du désintéressement ? Est-ce à Thiers, vingt fois millionnaire, qui, au lendemain de nos désastres, alors que les caisses de l'Etat étaient épuisées, se faisait allouer un million pour payer un palais emporté comme tant d'autres dans la tourmente révolutionnaire, et qui ne lui avait peut-être pas coûté la moitié de cette somme ?

L'histoire impartiale ne manquera certainement pas de retracer les talents et l'habileté de l'illustre homme d'Etat, mais elle ne pourra vanter son désintéressement, de même qu'elle sera forcée de constater que l'amour du devoir fut presque toujours étouffé chez lui par la soif du pouvoir, à telle enseigne qu'après avoir proclamé, dans la pleine maturité de son intelligence, que la République finit toujours dans le sang ou dans l'imbécillité, il en était venu, sur ces derniers jours, à renier les convictions et les principes politiques de toute sa vie.

Et Gambetta, cette autre idole du suffrage universel qui trône aujourd'hui au Palais-Bourbon, l'avocat pauvre et obscur que le procès Baudin mit en relief et dont nous voyons la fortune grandir au fur et à mesure que s'effondre celle de la France, est-ce à lui que nous décernerons un brevet de désintéressement ?

Chercherons-nous cette vertu chez les Ordinaire, les Jacotin, les Duportal, les Guyot-Montpayroux et tant d'autres noms moins célèbres ? En trouverons-nous des modèles dans les Chambres de 1876 ou dans celles de 1877-78, qui ont laissé de côté toutes les lois utiles, toutes les réformes sérieuses, mais qui n'ont cessé de réclamer l'épuration du personnel dans tous les corps de l'État et dans toutes les branches de l'administration (lisez la distribution des places et des emplois à tous leurs parents et amis) ?

Au reste, pour éblouir les naïfs badauds, nul ne peut lutter avec les républicains : ils représentent leur gouvernement comme devant nous donner toutes les libertés, l'égalité, la fraternité, et quand nous nous sommes laissé prendre au piége, nous nous trouvons dans le plus triste esclavage, avec la misère et la honte par dessus le marché.

Il n'est qu'une liberté dont les républicains soient partisans, c'est celle de répandre les doctrines les plus démoralisatrices. Rarement on vit l'impiété plus insolente et la puissance publique plus lâchement ou plus effrontément complice de ses excès. Mais, en revanche, au nom de la

liberté, il est interdit à ceux qui font profession d'être
catholiques d'instruire la jeunesse et de s'habiller comme
ils l'entendent ; les parents ne peuvent plus confier à qui
bon leur semble l'éducation de leurs enfants. Qu'un fonctionnaire de la République n'aille pas s'aviser non plus
d'entretenir des relations avec quelque membre du clergé
ou des individus soupçonnés de monarchisme, car, toujours au nom de la liberté, son supérieur lui reprochera
de s'encanailler (le mot a été prononcé cent fois à notre
connaissance, et nous le faisons que le répéter fidèle-
ment), et sa disgrâce sera infaillible.

Du reste, toujours au cri de : vive la liberté ! on les a
vus au 4 Septembre, eux, les admirateurs du suffrage
universel, dissoudre Conseils généraux, Corps législatif,
Sénat, destituer maires, préfets, magistrats. Le malheur
n'était pas grand, dira-t-on ; soit ! Mais ce qui est plus
grave, c'est que, pendant que l'ennemi envahissait notre
territoire, les républicains établissaient le gouvernement
le plus absolu et le plus despote qui se soit jamais vu, en
se débarrassant de tout contrôle afin de pouvoir s'em-
parer plus facilement des places et de se tailler dans la
grande infortune publique une jolie fortune privée.

Dira-t-on, par exemple, que la Chambre actuelle des
Députés, aussi bien que sa devancière de 1876, sait respecter la liberté de la tribune, sans laquelle il n'est pas
de régime parlementaire possible, lorsqu'on la voit
chasser les membres qui la gônent et dont elle craint le
talent, et couvrir des plus grossières injures les députés
de la minorité qui, à force d'énergie et de poumons,
réussissent à se faire entendre ?

Quant à l'égalité, on peut dire, en toute vérité, que
l'on n'a jamais vu une démocratie plus aristocrate que

notre démocratie française ; et pour reprocher aux autres citoyens d'être les fils de leurs œuvres, d'avoir pour ancêtres d'honnêtes ouvriers, des industriels, des commerçants, il n'y a encore que les républicains.

Ils ont fait un crime à un candidat à la députation d'être fabricant d'allumettes chimiques, à un autre d'avoir pour père un épicier ; ils ont cru rabaisser un honorable sénateur en le traitant de marchand drapier et en prétendant qu'il descendait d'une famille d'artisans. Qui n'a, du reste, été à même de constater leurs turpitudes à ce sujet ? On pourrait citer des exemples par milliers.

A l'époque des dernières élections municipales, en 1878, nous avons entendu, dans une petite localité, l'homme qui se prétend le plus républicain de l'endroit, reprocher avec la dernière violence à un honorable citoyen de la commune, d'avoir osé poser sa candidature quand il ne payait pas d'impôts.

Voilà pour l'égalité.

Quant à la fraternité, 93 et la guillotine, 1848 avec ses émeutes, 1871 avec la commune et le massacre des otages nous ont donné des échantillons de la manière dont les Républicains la pratiquent.

Mais, dira-t-on, ces sanglants épisodes de l'histoire de la République dans notre pays ne sont que des accidents, œuvre de quelques forcénés et dont il serait injuste de faire supporter la responsabilité au parti tout entier.

Qu'on ne se fasse point illusion : la République livrée aux républicains tombera toujours tôt ou tard dans ces excès, et les modérés qui essaieraient de la retenir seront forcés de suivre eux-mêmes ce fatal courant s'ils ne veulent en devenir les premières victimes.

Du plus incolore des modérés on arrive facilement et

par gradations insensibles au plus rouge des communards. Les modérés n'existent que lorsqu'on les compare aux radicaux ; le jour où ceux-ci seront les maîtres, ils disparaîtront complètement, et, même à l'heure présente, les modérés ne peuvent conserver une ombre de pouvoir qu'en s'inclinant humblement devant toutes les exigences des radicaux. Un ministre de l'intérieur ne garde son portefeuille qu'en donnant son adhésion aux programmes les plus anarchiques et en tolérant les excès et les violences les plus condamnables. Un garde-des-sceaux, un ministre des finances ne réussissent à se maintenir qu'en fauchant la magistrature et les fonctionnaires qui ne veulent pas faire de politique. Les choses en sont au point que les étudiants et les lycéens eux-mêmes, pourvu qu'ils sachent crier vive la République à pleins poumons, gagnent les faveurs de deux ou trois députés nuance écarlate, à l'aide desquels ils peuvent imposer leurs volontés au gouvernement et se débarrasser des professeurs qui leur déplaisent. Ces bassesses n'empêcheront point les modérés d'être annihilés prochainement. Gambetta est considéré comme le successeur des Thiers et des Grévy ; il ne faudra point s'étonner de voir Rochefort recueillir la succession de Gambetta.

Sous quel régime aussi a-t-on jamais mieux écouté les délateurs ? Si un homme a des ennemis personnels, il n'a qu'à les faire passer pour réactionnaires. Quelque peu recommandable que soit le dénonciateur, quelles que soient ses opinions à lui-même, on ne lui demandera pas la preuve de ce qu'il avancera, et les victimes de ses calomnies seront désormais prises pour suspectes et sacrifiées.

Si, du moins, les républicains avaient quelques vertus civiques, un peu de patriotisme, par exemple, on pourrait leur pardonner leur intolérance et leurs autres défauts.

Mais nous les avons vus à l'œuvre en 1870, et quand on parla de mobilisation, des notaires se firent nommer capitaines-trésoriers ; des avoués s'adjugèrent le grade d'adjudant ou celui de colonel ; des avocats se partagèrent les autres uniformes plus ou moins chamarrés. Ils étaient tous célibataires et très-valides, mais, naturellement, ils se gardèrent bien d'entrer en campagne et se contentèrent de parader sur les promenades publiques des grandes villes les plus éloignées des Prussiens. Ne vous en étonnez point: ils étaient républicains et craignaient trop de priver la France de leurs précieuses existences.

En paroles, par exemple, ce sont tous des foudres de guerre. Ils ne connaissent point d'obstacles; les résolutions héroïques ne leur coûtent rien..... pourvu que d'autres se chargent de les mettre à exécution.

A les entendre, il n'y a pas de patriotes plus ardents qu'eux ; seulement, on ne les voit pas verser une goutte de leur sang pour la patrie; ce sont les plus austères, mais ils ne connaissent que les festins, les bombances et les *cigares exquis;* ils font de belles déclamations sur le luxe des cours, et sur l'importance des listes civiles qu'on attribuait aux souverains, mais aujourd'hui, les fonctionnaires de la République coûtent par an 296.560.000 fr., tandis que ceux de l'Empire ne coûtaient que 264.436.000 fr. On brûle des millions de lampions, on organise les plus somptueux banquets en l'honneur du moindre ministre ou sous-ministre ; les préfets trouvent que les préfectures ne sont plus assez bien organisées pour abriter leurs précieuses personnes et les conseillers municipaux eux-mêmes réclament des traitements sérieux.

En résumé, ne croirait-on pas voir déjà dans les lignes suivantes écrites par un éminent publiciste, M. de Lacombe, sur la situation de la France, à la veille de brumaire, quleque analogie avec notre état actuel :

« Partout, à tous les degrés, le pouvoir était allé souvent aux moins capables, presque toujours aux moins dignes : en haut les gens tarés, en bas les mauvais sujets. Tradition, mérite, services, gravité des mœurs et de la vie, tout ce qui est respectable était en butte au mépris. La sûreté, la loi, l'égalité n'existaient pas pour eux. Pour les individus, comme pour les situations et les fonctions, s'avilir était le meilleur moyen de se préserver.

» Dans chaque localité, une caste s'était formée sous le nom de parti républicain, caste, disait un républicain écœuré, Boulay de la Meurthe, plus intolérable que la caste nobiliaire ; caste, disait-il encore, qui ne comprend que la portion la plus ignorante, la plus immorale et la plus vile de la nation.

» De toutes les classes, les plus mécontentes, les plus malheureuses, les plus impatientes d'un changement, étaient les classes inférieures ; elles étaient surexcitées ; elles ne pouvaient plus supporter l'espèce de populace politique qui, sous l'enseigne de la République, s'était emparée de tous les emplois ; elles voulaient s'en débarrasser à tout prix. Ruiné par la ruine des riches, ne travaillant plus, ne gagnant plus, fatigué de l'étourdissement perpétuel où là Révolution l'avait tenu, l'ouvrier des villes grondait comme en ses mauvais jours. Beaucoup d'observateurs se demandaient, si, n'ayant plus ses rois, Paris qui avait fait tant d'émeutes, n'en ferait pas une nouvelle pour acclamer un maître. »

On est donc en droit d'affirmer, sans crainte d'être contredit par des gens sérieux, clairvoyants et expérimentés, que s'il reste encore, par hasard, comme cela est possible, quelques citoyens de bonne volonté qui n'aient pas cessé de croire à la supériorité de la forme républicaine, qui pensent encore qu'elle est compatible avec le maintien absolu des grands principes religieux et sociaux et le règne de la loi et de la justice, c'est qu'ils ont vécu dans une retraite profonde ou sur le sommet de quelque montagne inaccessible aux autres mortels.

Il peut arriver aussi que quelques âmes exceptionnellement douées, se soient laissé séduire par les idées et théories républicaines, si belles et si attachantes à première vue ; mais alors, que ces natures d'élite prennent la peine d'aller un peu au fond des choses, d'examiner avec quelque attention tout ce que l'on nous sert sous les plus splendides étiquettes, et elles reviendront bien vite de leurs illusions.

Napoléon Ier au commencement de ce siècle, Napoléon III en 1851, c'est-à-dire à deux reprises, coup d'Etat, guerres perpétuelles, démembrement et ruine de la France, voilà les fruits de la République dans le passé.

Que nous donnera-t-elle dans l'avenir ?

Loin de nous, pourtant, la pensée que notre patrie soit atteinte d'une maladie incurable. Non, il y a encore chez nous, grâce à Dieu, assez de nobles cœurs, assez d'hommes équitables et de bonne volonté, pour que nous puissions ne pas désespérer de son sort.

Mais où sont-ils ces hommes véritablement méritants ? Où sont ceux qui se rapprochent le plus du portrait que Voltaire a tracé du vrai républicain, lorsqu'il a dit : « Un vrai républicain n'a pour père et pour fils que la vertu, les dieux, les lois et son pays. » Où se trouvent le dévouement à la religion, le culte du devoir, le patriotisme et la soumission aux lois ?

Si nous jetons les yeux autour de nous, nous verrons que la plupart de ces vertus se rencontrent surtout chez ceux qui ne font pas profession d'être républicains.

La perfection n'est pas de ce monde, sans doute ; mais si nous recherchons les hommes qui se distinguent le plus par les qualités du cœur et le sentiment de l'honneur, nous sommes forcés de reconnaître que les légitimistes l'emportent sur tous les autres partis réunis. Ainsi, par exemple, à quelque condition sociale qu'ils appartiennent, leurs adversaires politiques eux-mêmes peuvent les combattre, mais ils sont forcés de les respecter. Les légitimistes savent ce que les républicains paraissent ignorer complétement, et ce qui, à notre point de vue, devrait être appris avant toutes choses, c'est que l'homme ne devient plus heureux et surtout plus estimable qu'en devenant meilleur.

Combien parmi eux auraient pu avoir des positions brillantes, des honneurs de toute sorte, et qui ont préféré rester à l'écart plutôt que de consentir à servir sous des maîtres qu'ils méprisaient ? Sans doute, les régimes révolutionnaires, comme les souffles impurs, ne passent pas impunément sur un pays ; mais tandis que les autres partis voient leurs rangs s'éclaircir, tandis qu'orléanistes et bonapartistes, impatients de languir dans l'obscurité, acceptent les faits accomplis et, plus soucieux de conserver les honneurs que l'honneur, se déclarent, en grand nombre, prêts à servir n'importe quel gouvernement et même la République, chez les légitimistes ces tristes défections sont si rares, qu'on peut dire qu'elles y sont inconnues.

Il est assez de mode de les faire passer aussi pour fiers, arrogants, inaccessibles, et ceux-là mêmes qui partagent le plus ces préventions sont obligés de recon naît re qu'il n'ont eu qu'à se louer des rapports personnels qu' ils ont pu avoir avec des royalistes, qu'ils les ont t rou és affables, généreux, bienveillants, et beaucoup plus ab ordables et libéraux que la plupart de nos répul icai ns. Mais, disent-ils, ce sont des exceptions.... S'il en est ainsi, les exceptions sont tellement nombreuses qu'elles deviennent la véritable règle.

Quels sont aujourd'hui les vrais amis du peur le ? Ne parlons pas de l'action bienfaisante du clergé, que les républicains enveloppent dans leur haine aveugl e contre les royalistes. Mais qui s'occupe du sort du tra vailleur avec un zèle à toute épreuve ? Qui panse ses pla ies morales et physiques ?

Il est certain qu'aujourd'hui on ne trouve d'esp rit véritablement démocratique que dans les couches sociales qu'on est convenu d'appeler encore aristocratic ues ; il est non moins certain que ce sont les royali stes qui honorent le plus le travail et les travailleurs, et ix seuls qui s'occupent sérieusement de rechercher une solution aux importantes questions ouvrières.

C'est uniquement par amour du bien et du d evoir, et non pour obtenir les faveurs populaires, que 1 ous les voyons prendre en mains l'intérêt des classes labo rieuses, et ils ne font point miroiter aux yeux des ouvr iers ces perspectives décevantes qui les éblouissent et les rendent si coupables. Ils n'ignorent point que si les tra vailleurs ont des droits à exercer, ils ont aussi des devoirs à remplir, et qu'il est non moins urgent de les inst uire de ceux-ci que de leur apprendre ceux-là. Ils se gard ent bien de les exciter à la haine des autres classes de la société, parce qu'ils savent que l'ouvrier sera la première victime les excès auxquels il se portera. En un mot, ils pensent bien plus sérieusement que les autres partis à améliorer la situation matérielle des classes laborieuses, mais ils veulent en même temps arriver à un autre résultat, celui de les moraliser en leur rendant les croyances religieuses qui, seules, peuvent leur faire supporter, avec les dispositions voulues, les afflictions et les souffrances inséparables de leur condition et de toute condition humaine.

Et voilà pourquoi les royalistes sont à la tête de toutes les œuvres qui tendent à l'amélioration réelle du sort du peuple : établissements hospitaliers, asiles pour l'enfance et pour la vieillesse, écoles, bibliothèques, cercles catholiques, etc., etc. — Voilà pourquoi les plus grands noms de France, mus par une touchante pensée de solidarité, s'unissent à ceux des plus humbles travailleurs dans ces entreprises de régénération et de salut.

En vain les républicains dénaturent les efforts des royalistes et prétendent que leurs bonnes œuvres ont un but caché ; en vain le gouvernement, subissant de néfastes influences, suscite-t-il mille entraves à leur action bienfaisante ; la haine et les persécutions dont ils sont l'objet ne prouvent qu'une chose : c'est que les prétendus démocrates ont compris qu'un jour ou l'autre le travailleur, désabusé, ouvrira enfin les yeux, repoussera les intrigants et les ambitieux à qui il sert de marchepied, et reviendra à ses véritables amis.

Quant au patriotisme, les royalistes n'en sont plus à faire leurs preuves. Sans doute, nous le répétons, ils ne sont pas parfaits ; parmi eux on trouvera quelques hommes à idées étroites et mesquines, des hommes qui, bien que très-riches et portant de beaux noms, n'ont aucune générosité ni aucune grandeur d'âme ; mais pourtant, ce qui domine surtout chez eux, ce sont les qualités du cœur, et nul homme de bonne foi ne peut nier leur admirable conduite à l'heure de nos désastres.

Tandis que les républicains vivaient de la République et pour la République, sans plus songer à la France, les royalistes, ne voyant que l'ennemi du dehors et ne se préoccupant point de la forme du gouvernement, combattaient et mouraient pour la Patrie. Ils quittaient tout : famille, richesses, foyer domestique ; l'âge ne les arrêtait point ; le père combattait à côté du fils et tombait avec lui ; les frères partaient ensemble et souvent, hélas ! ils ne sont pas revenus.... Combien de familles eurent des doubles et des triples deuils à porter !...

Il faudrait un volume pour retracer les noms de tous les royalistes tombés au champ d'honneur ; où est la liste que nos bons radicaux pourraient mettre en regard ?

N'est-on pas autorisé à dire à nos chères populations ouvrières, si faciles à égarer : « Il est temps de remplacer par les réalités fécondes du progrès moral les mots sonores et vides avec lesquels les avocats de la bourgeoisie républicaine s'escriment à vous griser, afin de tromper votre bonne foi et de spéculer sur vos besoins et sur vos souffrances. — Il est temps que vous reveniez aux aspirations généreuses de votre bon sens et de votre cœur, en vous adressant à ceux qui peuvent seuls mettre fin à cette fatale querelle entre le capital et le travail qui, depuis trop longtemps, déchire les entrailles de la société et de la Patrie.

» Ce n'est pas à la partie la plus intéressée, ce n'est pas au capitaliste, ce n'est pas au bourgeois que vous avez appelé au pouvoir, qu'il appartient de résoudre cette question majeure ; il faut d'autres gouvernants, il faut d'autres législateurs.

» Quand donc vous déciderez-vous à nous sauver tous ? Vous n'avez aucun point de ressemblance avec ces fiers et arrogants bourgeois qui vous détestent, et dont les mœurs et les idées vous sont si antipathiques. Chez vous, point d'égoïsme, point d'arrière-pensées, point de cupidité ; mais, au contraire, du dévouement, de la franchise, du désintéressement toujours ; c'est même l'exagération de ces qualités qui vous porte aux excès les plus déplorables, excès qui vous laissent plus pauvres et plus misérables qu'auparavant.

» Pourquoi vous éloignez-vous de vos amis les plus naturels, de ceux dont les intérêts, la constitution morale, les aspirations et les défauts mêmes sont identiques aux vôtres ? Pourquoi n'en voulez-vous plus pour vous représenter ? Leur principal souci, vous le savez, est de travailler à l'amélioration de votre sort, et, au jour du danger, ils vous ont donné, aussi bien qu'à la Patrie, des preuves convaincantes de leur esprit de fraternité et de leur abnégation. En un mot, pourquoi, vous qui ne manquez pas de cœur, ne voulez-vous plus être gouvernés par les gens de cœur ? »

III

RELIGION — CLÉRICALISME
INSTRUCTION

Je ne veux pas davantage me rendre complice du mal que les sectes anti-religieuses font chaque jour dans notre patrie, et je veillerái à l'avenir à ce qu'il soit remédié aux désordres produits par l'impiété.

(Discours de l'Empereur Guillaume).

Un républicain sincère, M. de Tocqueville, a prononcé un jour ces paroles dans une assemblée publique : « La religion est bien plus nécessaire dans la République que dans la Monarchie. Comment la société pourrait-elle manquer de périr si, tandis que le lien politique se relâche, le lien moral ne se resserrait pas? Et que faire d'un peuple maître de lui-même, s'il n'est pas soumis à Dieu ? »

Royer-Collard, un philosophe célèbre, quoique peu chrétien, a dit aussi : « La religion catholique est indestructible en France ; elle a survécu à la Monarchie dont elle avait précédé la naissance, et elle a triomphé de toutes les attaques qui lui ont été livrées par la tyrannie révolutionnaire. Un gouvernement naissant, qui s'obsti-

3

nerait à la persécuter, verrait retomber sur lui les coups imprudents qu'il lui aurait portés. »

Un protestant non moins célèbre, doublé d'un homme d'Etat éminent, M. Guizot, a dit encore : « Le catholicisme est la plus sainte école de respect qu'ait jamais vue le monde. »

Nous pourrions multiplier à l'infini ces citations de nos contemporains, qui prouvent que tous les hommes intelligents et sincèrement libéraux ont compris que la religion est indispensable à l'ordre social, et n'auraient jamais approuvé nos radicaux qui, dans leur rage d'extirper *la lèpre dévorante du clergé,* ne reculent devant aucune persécution, et finiront sans doute quelque beau jour par ranger les personnages dont nous venons de parler avec Montesquieu, J.-J. Rousseau, Voltaire, Robespierre, voire même Cicéron, Plutarque et autres anciens, parmi les cléricaux.

Et pourtant, à quoi sert de déblatérer contre les prêtres, contre les corporations religieuses, contre les sœurs des hospices, contre mille fondations humanitaires enfin, quand on est notoirement hors d'état de faire mieux ?

Les faibles, les malheureux, les déshérités, seront toujours en grande majorité dans ce monde. Ils n'ont pour toute consolation, depuis des siècles, que la religion chrétienne, et une infime minorité veut la leur enlever.

En dehors de la religion cependant, on ne trouverait plus ni instituteurs dignes de ce nom, ni sœurs de charité ; et les malades, les blessés, les vieillards, les petits enfants, veulent être traités avec une douceur et une patience que l'on ne peut rencontrer que dans ces natures d'élite exemptes d'orgueil et d'ambition, que la religion seule sait former.

Un jour, l'utopie de la République est passée dans le domaine des faits accomplis. Cette République, toujours attaquée et toujours triomphante, c'est la religion chrétienne. Elle a vu crouler autour d'elle, par milliers, les Royaumes, les Républiques et les Empires, sans en être ébranlée. Chez elle, les mots de liberté, d'égalité et de fraternité ne sont plus un masque pour toutes les licences; tout homme ne dépend que de Dieu et de sa conscience; le pauvre et le riche, l'infirme et le fort, le puissant et le faible, ont des droits égaux.

La plus grossière calomnie qu'on ait jamais débitée contre l'Eglise, c'est de soutenir qu'elle est opposée au progrès et au bonheur des peuples.

La vérité est que, dans le passé, l'Eglise a sauvé de la barbarie les arts, les sciences et les lettres ; qu'elle a détruit l'esclavage, émancipé la femme, fondé le droit des gens, délivré le monde païen en le christianisant. « Sans elle, disait Lacordaire, nous serions des Turcs et nor des Francs. » C'est elle qui avait fait de notre Patrie la première nation de la terre.

Dans le monde moderne, l'Eglise a fondé les institutions charitables qui abritent toutes les misères humaines, les écoles d'où sont sortis tous nos grands hommes. Et s'il nous faut juger de l'arbre par ses fruits, combien ne devons-nous pas admirer la religion sainte qui a produit ces innombrables institutions disséminées sur toute la surface de notre pays, suivant l'homme depuis le berceau jusqu'à la tombe, arrachant au vice, au désespoir, au crime, un nombre incalculable de malheureux auxquels elles offrent la consolation, le soulagement, la guérison, le relèvement et le courage.

Comment peut-on rester insensible à ces magnifiques

témoignages de la fraternité chrétienne ? Pendant la guerre, c'est l'héroïsme des filles de charité et des frères de la doctrine chrétienne, secourant les blessés sur les champs de bataille ; c'est, en tout autre temps, et notamment durant les épidémies, les soins gratuits dans les hôpitaux, les secours à l'enfance, à la vieillesse, aux infirmes.

Et dans un autre ordre d'idées, l'Eglise n'a-t-elle pas pris toujours l'initiative de toutes les entreprises nobles et généreuses ? La plus grande partie des libertés que nous possédons a été conquise par les catholiques, c'est-à-dire par ceux qu'on croit injurier en les appelant *cléricaux*. La liberté de conscience, la liberté de l'enseignement à tous les degrés, celle de la presse, la libre administration de la commune par la commune, du département par le département, du pays par le pays, sont réclamées par eux depuis un siècle.

L'action de la religion sur les individus est non moins moralisatrice et bienfaisante. L'homme, hélas ! peut abuser de tout, et trop souvent il lui arrive de tourner les dons de Dieu contre Dieu lui-même. Il peut abuser de l'analyse, de la physique, des sciences naturelles, comme il abuse de la raison, comme il abuse de la philosophie. C'est précisément parce que le christianisme est vrai, qu'il est si favorable au progrès des sciences et au développement des plus nobles facultés de notre intelligence. C'est en éclairant les esprits, en ranimant dans les cœurs l'amour de la vérité, qu'il inspire le génie, qu'il provoque les méditations du savant, l'enthousiasme divin du poète, de l'orateur, de l'artiste, et les empêche de se briser contre de funestes écueils.

Quoi qu'on en dise, la religion a produit la civilisation,

et, dans le chaos confus d'opinions et de doctrines qui surgissent de toutes parts, il est bon, il est nécessaire que la grande voix du christianisme se fasse entendre et apporte aux individus, comme aux sociétés, le remède à côté du mal, la consolation et l'appui auprès de la souffrance et de la faiblesse.

Donc, il n'est pas vrai que les hommes religieux, les cléricaux soient ennemis de la liberté; il est faux qu'ils méconnaissent l'égalité; il est encore plus faux qu'ils laissent à leurs adversaires l'honneur et le privilége de la fraternité.

En France, particulièrement, jamais le clergé catholique ne fut plus exemplaire, plus savant, plus dévoué; jamais les hommes sans religion n'eurent moins de griefs contre lui; et cependant, grâce à l'ignorance et au fanatisme anti-religieux de la foule, grâce à l'habileté des meneurs, avocats, journalistes, commis-voyageurs et cabaretiers, le déchaînement contre le clergé est presque général. L'armée innombrable des intrigants, des ambitieux, des hommes de plaisir et d'argent, sans compter les dupes honnêtes qui en forment l'arrière-garde, est tout entière sur pieds pour le combattre. Pour quel motif? D'où vient cette levée de boucliers? On n'en sait rien.

Il n'est pas rare de rencontrer des hommes qui, à brûle-pourpoint, vous lancent au visage des choses comme celles-ci : « Je voudrais bien voir tous ces calotins disparaître de la surface du globe. » Si vous les poussez à bout, ils sont forcés de reconnaître que, quant à eux personnellement, ils n'ont jamais eu à se plaindre d'aucun prêtre ni d'aucun religieux. Souvent même, ils vous avoueront que, reconnaissant que l'instruction des établissements religieux est mille fois préférable sous tous les rapports à celle des institutions laïques, ils ont choisi les premiers pour y placer leurs enfants. — Pourquoi alors s'acharnent-ils après ceux-là même à qui ils accordent une telle confiance ? Mystère ; ils ne se donneront pas la peine de vous l'expliquer.

Avec un peu plus de franchise, ils vous diraient sans doute que la religion chrétienne imposant aux hommes la pratique de vertus et de sentiments fort contraires à leurs goûts, ils veulent se débarrasser d'un frein qui les gêne, quoiqu'ils ne soient pas fâchés d'y soumettre les autres.

Mais, en tout cela, rien ne doit nous étonner, surtout quand un mot d'ordre, parti des régions mêmes du pouvoir, assure aujourd'hui à nos trop crédules populations que ce qu'il faut craindre par dessus tout, c'est la domination du clergé, l'envahissement du cléricalisme.

Eh bien ! disons-le hautement, il n'y a que des menteurs ou des avocats pour inventer et répéter de pareilles bourdes, et que des gens indignes de jouir de leurs droits de citoyens pour les avaler.

Laissons donc une bonne fois de côté les grands mots vides de sens avec lesquels on éblouit les masses, et allons au fond des choses.

La moindre étude de l'esprit qui anime nos diverses populations donne la conviction certaine que l'action du cléricalisme, considéré comme une force luttant contre le pouvoir civil, est véritablement illusoire. Admettons qu'il y ait dans toute la France l'équivalent de deux départements où l'influence du clergé soit considérable, dans les quatre-vingt-quatre autres elle est absolument nulle. Dans les grands centres, comme Paris, Lyon,

Marseille et autres villes importantes du Midi, dans les deux Charentes, la Gironde, les Landes, la Haute-Garonne et quelques autres départements, loin de favoriser les hommes qui veulent entrer dans la vie politique, l'appui du clergé leur est tout-à-fait funeste.

Cet état de choses n'est point, il faut le dire, à l'avantage des populations de ces contrées, et nous redoutons beaucoup plus pour notre pays l'influence de ses six cent mille cabarets que tous les envahissements possibles du cléricalisme. Mais enfin, nous constatons un fait.

On parle des empiètements du clergé sur le pouvoir civil. Est-ce le pape, ou les évêques, ou même les curés, qui nomment les ministres, les préfets, les généraux, les magistrats, les gardes-champêtres, les instituteurs, les percepteurs, etc., etc.? Font-ils les élections? Etablissent-ils les impôts? S'occupent-ils des routes, des travaux publics?

Les deux Chambres françaises comptent ensemble plus de huit cents membres. Sur ce nombre, il y avait un seul représentant du clergé ; sa place est vide maintenant, et nos députés ne poursuivent plus qu'un but : l'élimination du petit nombre de laïques assez courageux pour prendre en mains la défense du clergé.

Aveugles et imprudents qui tomberont eux-mêmes dans l'abîme qu'ils creusent. Robespierre, aussi lui, combattit le catholicisme, mais il essaya de le remplacer par le culte de l'Etre suprême. Les républicains de nos jours ne rêvent que démolitions et destructions ; ils veulent en finir avec le cléricalisme, c'est-à-dire avec le christianisme, mais ils n'ont rien à mettre à la place, ou plutôt, comme les peuples les plus barbares, s'ils renient Dieu et bafouent son culte, ils établissent le plus absurde de tous les fétichismes, l'adoration de l'homme. Cet homme est-il le plus sage, le plus désintéressé, le plus savant, le plus honnête ? Non, rien de tout cela. Souvent c'est celui qui s'est élevé et enrichi pendant que s'accomplissaient l'abaissement et la ruine de son pays, et qui, du haut de son piédestal, lui crie tous les jours jusqu'à satiété : *Le cléricalisme, voilà l'ennemi !*

Ah ! quand la France encourageait toutes les nobles aspirations, tous les élans généreux ; quand elle s'enthousiasmait devant toutes les manifestations du grand, du beau, elle pouvait, elle devait marcher au premier rang ; mais maintenant, n'ayant plus guère d'autres instincts que ceux de la matière, elle ne peut que s'amollir de plus en plus, et il lui est désormais bien difficile de s'opposer sérieusement aux entreprises des ambitieux et des incapables.

Un peuple sans religion est un peuple mûr pour la révolte et l'esclavage ; au premier signal, il se lèvera pour secouer le joug des lois qui le gênent et il renversera les institutions sociales les plus indispensables. Quand on ne croit à rien, peuple ou individu, on est capable de toutes les folies, de tous les crimes. — La haine de toute morale, un monstrueux égoïsme qui exclut fatalement l'amour de la patrie, découlent nécessairement de l'incrédulité. Pourquoi, d'ailleurs, celui à qui l'on a appris à se passer de Dieu se soumettrait-il à une autorité humaine quelconque, fût-ce même à sa mère, à son père ? Aussi, l'histoire est là pour le prouver, toute nation où la religion est détruite est une nation perdue.

C'est cette vérité, si étrangement mise en oubli par nos gouvernants, qui inspirait les hommes que nous citions au commencement de ce chapitre.

Que sont-ils eux-mêmes, ces radicaux, pour vouloir

nous imposer leur manière de voir ? Et, en considérant l'état dans lequel ils ont mis le pays , ne serait-on pas tenté de s'écrier avec le grand satirique latin : « A quelle époque le torrent des vices fut-il plus effréné, le gouffre de l'avarice et de la cupidité plus béant, la rage des jeux de Bourse plus effroyable ? »

Les apprécierons-nous bientôt à leur juste valeur, ces grands parleurs qui n'ont pas assez d'injures pour ceux qu'ils appellent *cléricaux*, épithète qui, dans leur bouche, signifie hostile au progrès, partisan des oppresseurs , ennemi du peuple et de la civilisation, aveugle de parti pris, retardataire, idiot. Suivant eux, les sénateurs et les députés qui leur déplaisent, les généraux et les magistrats qui ne s'occupent que de leur mission et ne font pas de politique, les journalistes qui n'ont pas réclamé l'amnistie pour les communards, tous ceux enfin qui tiennent encore pour les saines traditions de la famille et de la société, sont des cléricaux.

Eh bien ! franchement, il vaut mieux être traité de clérical et insulté dans la compagnie de ces derniers, que de mériter les sympathies et les faveurs de leurs adversaires.

Après tout, les cléricaux sont aujourd'hui ce que nous avons de plus raisonnable, de plus libéral, de plus digne de confiance. Ils croient que tout n'est pas fini dans la tombe, que l'homme, en mourant, ne fait que passer d'un monde dans un autre monde, et que, pour être heureux dans celui-ci, il faut d'abord être juste et honnête dans celui-là. Ils n'acceptent nul compromis avec les théories qui peuvent amener la guerre civile ; ils respectent le gouvernement établi ; ils prient pour l'Etat, quel qu'en soit le drapeau, et ils obéissent aux lois.

Les anti-cléricaux font-ils mieux ?

Les cléricaux ont été les premiers et restent les derniers sur la brèche pour défendre la liberté de l'enseignement, les droits que doit toujours avoir le père de famille de faire instruire son enfant comme et par qui bon lui semble.

En revanche, qui a le plus combattu contre cette liberté si essentielle et si nécessaire de l'enseignement à tous les degrés, si ce ne sont les prétendus libéraux ennemis du cléricalisme ? Nous touchons ici à l'une des questions les plus controversées de notre époque, question pour ainsi dire primordiale, puisque le sort de nos enfants et l'avenir de la France en forment l'enjeu.

En 1850, alors qu'il était dans la pleine maturité de son génie et de ses facultés morales, Victor Hugo faisait cette proclamation à l'Assemblée nationale :

« L'enseignement religieux est plus nécessaire qu'il n'a jamais été, car plus l'homme grandit, plus il doit croire. Notre devoir à tous, c'est sans doute de chercher à diminuer la misère, à améliorer le sort matériel de ceux qui souffrent, mais c'est aussi de faire lever toutes les têtes vers le Ciel ; c'est de diriger les âmes, de tourner toutes les attentes vers une vie ultérieure où justice sera rendue. Il faut répandre cette vérité que personne ici-bas n'aura injustement ni inutilement souffert, et que Dieu se trouve à la fin de tout. Ce qui allége la souffrance, ce qui sanctifie le travail, ce qui fait l'homme bon, fort, sage, patient, bienveillant, juste, à la fois humble et grand, digne de l'intelligence et digne de la liberté, c'est d'avoir devant soi la perpétuelle vision d'un monde meilleur. »

Il est vrai que, depuis l'époque où il prononçait ces remarquables paroles, celui que les républicains se plaisent à nommer le Maître a bien changé ; mais, enfin, il ne peut nous enlever un document que la postérité a enregistré et que les générations futures retiendront toujours comme le meilleur souvenir d'un homme qui a tant contribué à pervertir l'esprit public.

Tous les esprits véritablement sérieux, du reste, ont compris la nécessité de l'enseignement religieux. Le protestant M. Guizot, déjà cité, a dit que le concours du zèle libre, surtout du zèle religieux, lui avait toujours paru indispensable pour la propagation efficace de l'instruction populaire et sa bonne direction, parce que, ajoutait-il, s'il y a dans le monde laïque des élans généreux, des accès d'ardeur morale qui font faire aux grandes bonnes œuvres publiques de rapides et puissants progrès, l'esprit de foi et de charité chrétienne porte seul, dans de tels travaux, ce complet désintéressement, ce goût et cette habitude du sacrifice, cette persévérance modeste qui en assurent et en épurent le succès.

Nos bons républicains sont loin d'envisager les choses de cette manière. Sans doute, ils réclament bien haut l'instruction du peuple, mais ils veulent en éliminer l'élément principal, celui sans lequel la culture de l'esprit devient pour l'homme un danger et souvent un malheur : l'éducation du cœur par l'enseignement de la religion et de la morale.

La confiance de nos prétendus libéraux dans les effets moralisateurs de l'instruction telle qu'ils la comprennent, est tout simplement absurde. — Comment la connaissance de la table de multiplication et des mathématiques peut-elle développer la sympathie que l'on doit avoir pour le prochain ? Comment les dictées d'orthographe et l'étude de la géographie ou même des règles de la syntaxe peuvent-elles développer le sentiment de la justice ou accroître le respect de la vérité ?

Il est évident qu'il faut à l'homme autre chose que de la science pour ne pas s'écarter du sentier du devoir, pour se dévouer à ses semblables, à toutes les bonnes causes et à toutes les œuvres utiles.

On peut avoir un grand esprit et une âme vulgaire, une intelligence capable d'illuminer son siècle et des sentiments susceptibles de le déshonorer. On peut être un grand homme par l'esprit et un misérable par le cœur.

N'est-ce point parce que, depuis longtemps, on a méconnu toutes ces vérités dans l'enseignement de la jeunesse, que nous voyons surgir maintenant si peu d'hommes au caractère élevé, aux nobles sentiments ? Des avocats, par exemple, des sophistes, des rhéteurs qui se servent d'une science plus ou moins superficielle pour escalader le pouvoir, grâce à la crédulité publique, il y en a assez ; mais où sont les vrais patriotes ? où sont les hommes de cœur ?

Beaucoup de familles, soucieuses de l'avenir et de la dignité de leurs enfants, éprouvent une défiance, hélas ! bien souvent trop justifiée contre l'enseignement patronné par l'Etat, et préfèrent confier leurs fils aux établissements dirigés par des religieux, parce qu'à côté de l'instruction proprement dite qui forme l'esprit, ils y trouvent l'éducation qui forme le cœur et les mœurs.

Aujourd'hui, au nom de la liberté, on prétend enlever cette faculté aux pères de famille. Au pauvre, obligé de profiter de la gratuité de l'instruction, on veut imposer des écoles où l'on bafouera la religion et toutes les choses sacrées, en ne laissant pour guide contre toutes les séductions et difficultés de la vie que cette chose peu gênante qui s'appelle la morale indépendante.

N'est-ce pas là le comble de l'intolérance et de l'ignominie ?

Mais de ce que l'Etat n'a pas de religion, il n'en résulte pas pour lui la faculté d'empêcher les citoyens d'en avoir. S'il ouvre des écoles sans Dieu pour cette portion du peuple français pour qui la religion n'est qu'une fiction, cela est déjà bien regrettable, car alors c'est le gouvernement qui favorise la corruption du pays ; mais enfin cela est, jusqu'à un certain point, dans son droit. Mais qu'il s'arroge l'odieux pouvoir d'y parquer les enfants de ceux qui regardent la religion catholique comme la base unique et souveraine de toute vérité, voilà l'usurpation, voilà l'attentat, voilà la véritable et peut-être la plus odieuse persécution, puisqu'elle force en quelque sorte le père de famille de se rendre le complice de ce qu'il regarde comme la perte de son enfant.

Et que l'on ne nous accuse point d'exagération : les faits sont là, et chaque jour voit se grossir la liste déjà trop longue des instituteurs religieux expulsés de leurs écoles, au mépris de toute justice et contre le vœu des populations. La plupart du temps, grâce à cette admirable vitalité de la foi religieuse qui se révolte contre l'iniquité, les Frères et les Religieuses ainsi chassés trouvent un asile dans la commune et rouvrent leurs classes, où les enfants accourent en plus grand nombre qu'auparavant ; mais cela ne fait qu'exciter la haine de nos despotes de village, et l'on voit se commettre au grand jour cette injustice criante : les contribuables forcés de subvenir aux frais d'une école dont ils ne profitent pas, et obligés d'entretenir de leurs propres deniers celle à laquelle ils veulent avoir recours.

Parfois les républicains essaient de cacher leurs sentiments haineux sous des dehors doucereux, sous des motifs plus ou moins spécieux. Ainsi, dernièrement, dans une de nos grandes villes où la municipalité veut enlever aux Frères la direction des écoles communales, un Conseiller s'exprimait ainsi : « La loi veut que l'instruction religieuse soit donnée dans les écoles primaires ; je suis de ceux qui pensent qu'il est bon qu'il en soit ainsi, car jusqu'ici aucune société n'a pu vivre sans religion. Nous ne voulons donc point supprimer les écoles congréganistes. »

Voilà qui est très-bien ; mais écoutons la conclusion : « Cependant, nous sommes les fils de la Révolution, les amis de la liberté de conscience et des institutions républicaines, et nous ne pouvons consentir à subventionner nos ennemis.... »

Quelle admirable logique !...

Ainsi, Monsieur le Conseiller, vous vous posez en champion de la liberté de conscience et vous nous refusez le droit de choisir les instituteurs de nos enfants, à nous qui vous payons les impôts pour que vous les répartissiez avec équité !

Voyons, pourquoi n'y mettez-vous pas plus de franchise ? Si votre religion vous apprend à haïr tous ceux qui ne pensent pas comme vous, les congréganistes, eux, vous ne l'ignorez pas, appartiennent à une religion qui prescrit la fraternité et le pardon, et qui proscrit les dissensions et les haines. Nous les voyons à l'œuvre depuis trop longtemps pour ne pas être certains que les nouveaux

instituteurs que vous voulez nous imposer n'ont vos pré-
férences que parce qu'ils ne font aucun cas de la disposition de loi qui les oblige à donner à leurs élèves l'instruction religieuse ! C'est trop fort !

D'ailleurs, tous ces braves citoyens habillés en républicains sont en train de lever le masque de l'opportu-
nisme. Malgré les droits acquis, malgré les splendides
résultats des nouvelles Universités créées sous le couvert
de la plus opportune de toutes nos libertés, ils déclarent
hautement que leur intention est de rendre impossible le
fonctionnement de ces établissements si utiles. Ils veulent
se réserver pour eux seuls le monopole de l'enseignement.

L'instruction que l'on acquiert dans les Universités
catholiques ou dans les colléges ecclésiastiques a au moins,
sur celle de l'Université de l'Etat, l'avantage immense de
ne pas faire des gandins auxquels la bureaucratie emprunte
ses pédants, l'armée ses fruits secs, la médecine ses
matérialistes, le barreau ses bavards, la presse ses cor-
rompus, la politique ses intrigants.

Quand donc le peuple s'apercevra-t-il que ces gens-là
se moquent tout aussi bien de lui que de notre pauvre
pays ? Mais non ; il ne songe même pas à se dire : Ces
prêtres, ces religieux, ces religieuses qu'on poursuit et
qu'on outrage, sont du peuple comme nous ; ce sont nos
fils et nos frères, nos filles et nos sœurs. La conviction
et la foi les ont appelés là où ils sont ; ils instruisent et
moralisent nos enfants ; ils leur parlent de Dieu, de la
vertu, de la Patrie, de la famille ! Seuls, à notre époque
frivole et vénale, ils remplissent cette noble mission ;
dans la guerre civile, ils se jettent sur nos barricades et

y versent leur sang pour arrêter l'effusion du nôtre ; sur
les champs de bataille, dans les hôpitaux, ils soignent
nos blessés et nos malades. Du berceau à la tombe, ils
ne cessent de nous consoler, de nous bénir, de travailler
à nous rendre meilleurs. Le prêtre, après lequel on nous
excite, sorti de nos rangs, généralement pauvre comme
nous, reçoit un salaire inférieur à celui du moindre ouvrier. Pourquoi donc sont-ils ainsi en butte aux outrages
de ces écrivains et de ces beaux parleurs qui, eux, ne
versent ni leurs sueurs, ni leur bourse, ni leur sang pour
nous, et se contentent de vivre à l'aise dans les places et
les honneurs que nos voix leur donnent !...

Non, le peuple ne se dit point tout cela ; il écoute les
perfides suggestions de ceux qui l'exploitent ; mais que
ceux-ci y prennent gardent, nous le répétons : ils jouent
un jeu dangereux. Ils devraient bien méditer les paroles
du vieil empereur d'Allemagne qui, lui aussi, crut devoir
laisser persécuter la religion dans ses Etats, et qui. rap-
pelé à lui-même par un terrible avertissement, s'exprimait ainsi, il y a quelques semaines, devant les autorités
de Berlin :

« Ce n'est point assez d'avoir créé un empire formidable ; pour obéir à cette condition du régime parlementaire, qui veut que le roi règne et ne gouverne pas, je me
suis désintéressé du gouvernement de mes Etats jusqu'à
laisser les doctrines les plus dangereuses se propager, et
jusqu'à laisser persécuter ceux dont la mission est de
répandre les vérités morales et religieuses. Je regarde le
coup qui m'a frappé comme un avertissement d'En Haut,
et je ne veux pas davantage me rendre complice du mal
que les sectes anti-religieuses ont fait dans notre Patrie.

La chose principale, c'est l'éducation de la jeunesse , et le point le plus important, c'est la religion. Je veillerai, à l'avenir à ce qu'il soit remédié aux désordres produits par l'impiété. »

IV

LE PROGRÈS

L'avenir appartient encore plus aux cœurs qu'aux esprits.

VICTOR HUGO.

Aujourd'hui on parle sans cesse de progrès ; on veut nous faire entendre que nous ne progressons réellement que depuis que nous possédons des institutions politiques qui nous permettent de changer de gouvernement tous les jours, et que nos ancêtres étaient tout au plus dignes d'être comparés aux bêtes de somme qui garnissent nos écuries.

C'est une façon commode de travestir l'histoire, et de renier un passé dont la gloire fait tristement ressortir les ombres de notre époque. Mais, à un certain point de vue, est-il exact de représenter le progrès comme le résultat d'une idée soit philosophique, soit religieuse, ou comme émanant d'un système quelconque de gouvernement ? Non, évidemment non. Ce progrès, nous parlons simplement du progrès matériel, est tout entier le produit des découvertes scientifiques telles que la vapeur, les chemins de fer, l'hélice, le télégraphe, les instruments aratoires, toutes les inventions enfin, mécaniques ou autres, qui ont transformé l'agriculture et l'industrie.

D'ailleurs, si ce progrès est indéniable, on n'en peut dire autant du progrès moral qui est pourtant la seule garantie sérieuse, la seule base solide de la prospérité d'une nation. Il n'y a jamais eu autant d'incertitude dans les esprits, un désordre aussi profond dans les consciences et une division aussi complète entre les diverses classes de la société ; l'anarchie est partout, tout aussi bien dans les grands corps de l'Etat que dans les autres couches sociales. On parle d'union et d'apaisement et les dissensions politiques s'accentuent chaque jour ; les partis extrêmes ne veulent plus de conciliations, se croient les maîtres du lendemain et ne craignent pas d'émettre les propositions les plus extravagantes. Les partis modérés se jalousent, se frac-tionnent, perdent toute leur énergie à des luttes de détail et vont s'annihilant eux-mêmes de jour en jour.

L'égoïsme, l'avarice, la démoralisation, s'étalent ouvertement et menacent le progrès matériel lui-même. Chez nous, en effet, le chiffre des décès excède annuellement de cent mille celui des naissances, et les statisticiens affirment que dans deux cents ans il n'y aura plus un Français en France. Cette décadence effrayante provient évidem-ment de nos mauvaises mœurs, de nos lois défectueuses et des fatales doctrines dont les gouvernements irréguliers ont toléré et encouragé la propagande. Le Prussien aurait donc jusqu'à un certain point raison lorsqn'il dit : Avec un peu de patience nos canons deviendrout inutiles ; la race latine se meurt de démoralisation.

Que n'aurait-on pas à objecter même sur ce progrès

matériel que l'on fait sonner si haut !... Aujourd'hui, malgré la paix et un certain ordre apparent, le commerce languit, les travaux importants, les transactions à longue échéance sont indéfiniment ajournés. La nation, qui a un besoin instinctif de sécurité et de confiance, éprouve une sorte de malaise, une vague crainte de l'avenir qui l'empêche de suivre l'élan naturel qui la pousserait en avant.

Mais il est une chose qui progresse sans interruption, et là-dessus nous croyons que tout le monde peut tomber d'accord : c'est notre budget. Depuis cinquante ans il a quadruplé, et depuis la proclamation de la troisième République, c'est-à-dire depuis moins de dix ans, il s'est élevée de dix-huit milliards à trente, quoiqu'il n'y ait plus de liste civile.

Le peuple se paie de vains mots ; mille fois trompé par ceux qui ont besoin de lui pour arriver au pouvoir, il attend toujours la réalisation des programmes et des promesses que ses mandataires lui ont présentés comme devant lui apporter le bonheur parfait.

Quelle est, par exemple, dans notre société française, la classe qui a retiré le plus de fruits de la Révolution ? C'est incontestablement celle du paysan. Eh bien ! nous affirmons que le paysan n'est pas plus heureux aujourd'hui qu'il ne l'était au siècle dernier. Sans doute, il a plus d'aisance : il possède la plus grande partie de la propriété foncière, mais la richesse lui a communiqué des défauts qui lui étaient complètement inconnus autrefois. Il est devenu égoïste, cupide et dissimulé, et il ne poursuit plus qu'un seul but dans la vie : l'agrandissement de son domaine. Tous ses efforts sont concentrés sur ce seul objet, et, pour payer le morceau de terre qu'il vient d'acheter, il se réduira à un véritable état de gêne et se privera des choses les plus nécessaires. Qui n'en a vu boire de l'eau alors qu'ils récoltaient des centaines de barriques de vin, vivre de légumes, manger du pain noir, vendre les animaux indispensables à leur exploitation et se condamner à un labeur surhumain, et cela pendant de longues années, pour acquérir le champ qui les joint ou pour éviter de vendre ou d'hypothéquer la moindre parcelle de terre. Mais, loin d'encourager l'agriculture, qui est la mère de toutes les sciences, la société n'a absolument rien fait depuis longtemps pour donner à l'homme des champs des aspirations plus élevées, des idées plus larges, pour le porter surtout à estimer sa noble profession. Aussi, malgré cette richesse matérielle tant vantée, le fléau de la dépopulation de notre pays se fait-il surtout sentir dans nos campagnes où l'on ne trouve même plus les bras nécessaires, tandis que les villes regorgent d'habitants et que des milliers de famille y végètent et s'y étiolent.

Quant aux droits que lui donne le suffrage universel, le paysan n'y tient aucunement : c'est toujours dans la population agricole que l'on rencontre la plus grande partie des abstentions en temps d'élections.

Mais il est une autre classe qui n'a retiré aucun résultat du suffrage universel et des progrès accomplis depuis un siècle, qui, toujours exploitée, est cependant toujours prête à se laisser prendre aux pièges qui lui sont tendus par les ambitieux et les intrigants : c'est la classe ouvrière. La situation matérielle de l'ouvrier ne s'est point améliorée, car il n'est ni mieux logé, ni mieux nourri, ni mieux vêtu. Comme autrefois le travail lui fait bien souvent défaut, et son salaire est loin d'avoir augmenté en proportion du prix de toutes les choses nécessaires à l'existence. En outre, avec notre système financier, c'est lui qui paie le plus d'impôts ; les droits d'octroi et les contributions indirectes lui coûtent les vingt pour cent de son salaire, tandis qu'avant la première révolution il n'était astreint qu'à quelques charges insignifiantes.

Au point de vue moral, par exemple, la situation de l'ouvrier n'a jamais été plus déplorable qu'en ce moment: d'un côté l'isolement, les suggestions de la misère qui lui crie : haine à ceux qui jouissent ! — Devant lui, toutes les tentations, l'ennivrement des grandes villes, le luxe de la bourgeoisie qui, souvent sortie de ses rangs, le traite avec un superbe orgueil, les six cent mille cabarets, seuls agents de moralisation que les gouvernements révolutionnaires aient inventés pour le travailleur ; — pour nourrir son esprit, une presse ignoble, des romans écœurants et, dans les théâtres, le spectacle des plus immondes productions exaltant le vice et bafouant la vertu ; — d'autre côté, enfin, l'égoïsme du patron qui ne voit en l'ouvrier qu'une machine organisée et semble oublier complètement que cette machine a une âme comme la sienne ; la suffisance des bureaucrates, le mépris des agriculteurs et jusqu'à l'importance du plus simple boutiquier qui, tous, le regardent d'un air de supériorité parfaitement impertinent : voilà le sort que les idées modernes ont fait à l'ouvrier.

Et l'on s'étonne ensuite que le prolétaire soit toujours au premier rang dans les grandes crises sociales ! Lorsqu'il se porte à ces excès, est-il le seul coupable ? est-il le plus grand coupable ?

Les auteurs de la commune ne peuvent se décharger de leurs crimes sur la classe ouvrière. Pour arriver au pouvoir, ils ont risqué la vie de cent mille malheureux égarés par leurs perfides suggestions, puis, lorsque la partie a été perdue par eux, ils se sont, à peu d'exceptions près, prudemment éclipsés, laissant à leurs victimes tout le poids de l'expiation due à la société outragée.

En 1871, comme sous la terreur, comme en 1830 et en 1848, l'ouvrier n'a été qu'un instrument aveugle dans les mains de quelques gredins qui, en cas de succès, lui réservaient tous les avantages qu'il a retirés de toutes les révolutions, c'est-à-dire la misère et la honte.

Chose étrange, l'ouvrier méprise la bourgeoisie qui l'abreuve de tant de dédains, qui ne veut pas entendre parler de son émancipation et qui est la cause de toutes les calamités qui l'affligent. Et cependant, que l'on fasse une élection, il lui devient soumis et se laisse toujours guider par elle.

Le sénateur Tolain lui-même, républicain très-avancé l'a dit : Tout ce que les ouvriers ont de mauvais en eux, ils ne le doivent qu'à la bourgeoisie qui leur a livré en pâture ce que la littérature moderne a de plus malsain, tant en romans qu'en pièces de théâtre, en politique comme en questions sociales.

Entre le bourgeois d'une part et les travailleurs des villes et des campagnes de l'autre, il y a un abîme ; cependant ce sont ces derniers qui, depuis plus de cinquante ans, portent le bourgeois à la direction des affaires publiques.

Et pourtant l'ignorance de la bourgeoisie, en fait de science sociale, est aussi complète que celle des ouvriers les plus illettrés. Elle n'a même pas l'air de connaître la plus élémentaire de toutes les vérités d'économie politique, à savoir que l'aisance du peuple est la source de la fortune publique, tandis que sa misère en est la ruine.

« La bourgeoisie, a dit un illustre orateur chrétien, le père Lacordaire, représente l'ordre matériel et le désordre moral ; la classe ouvrière, qui a beaucoup plus de moralité, prise dans son ensemble, a malheureusement la violence en partage et se livre avec une facilité inouïe aux plus déplorables excès. » Elle oublie trop vite qu'on ne peut arriver à résoudre les problèmes tendant à l'amélioration de son sort que par une entente cordiale, par du courage et par un échange amical de conseils, d'exhortations et d'idées.

Le bourgeois, sorti des classes populaires, méconnaît son origine. Habitué aux spéculations de l'égoïsme journalier, élevé dans le culte du moi matériel, le bourgeois n'a guère d'autre instinct que celui de l'individualité ; il l'a reçu de son père et il le transmet à son fils. — Sceptique et ambitieux comme son patron Voltaire, il veut néanmoins faire croire à son désintéressement, à son dévouement à la chose publique, à son attachement aux immortels principes ; il y arrive assez facilement, car il a encore moins de scrupules que de convictions et il servira tour à tour tous les gouvernements qui lui offriront des places et des honneurs.

Pour capter les faveurs populaires, le bourgeois ne reculera devant aucun moyen : à l'ouvrier, il promet toutes les réformes possibles et impossibles, l'émancipation du travail, la réduction des impôts, toutes choses qu'il se garde bien de lui octroyer quand il est arrivé à son but. Aux yeux des paysans, il fait miroiter les fantômes du cléricalisme, de la dîme, des corvées, de la restitution des biens nationaux qui, dit-il, ne sauraient manquer de revenir si on ne le place pas bien vite au gouvernail.

Faut-il s'étonner ensuite de voir dans toutes nos assemblées publi ques la taquinerie et le bavardage substitués à la discussion sérieuse ; la sottise prétentieuse et la passion au beau, au juste, au grand ; et, surtout, l'égoïsme, le culte de l'intérêt personnel ou d'une caste, à la recherche du bien public.

Mais quand nous parlons du bourgeois, nous entendons bien plutôt, cela va sans dire, l'esprit, les idées et les sentiments qui caractérisent les individus de cette catégorie que les individus eux-mêmes. Nous devons reconnaître que, dans toutes les classes de la société en possession de la richesse et d'une certaine culture intellectuelle, il existe des gens aux idées et aux sentiments bourgeois ; on en rencontre dans la noblesse, dans la magistrature, dans l'administration, dans l'industrie, dans le commerce, et voire même quelquefois dans le clergé. Néanmoins, toute règle souffre des exceptions, et la vraie bourgeoisie renferme en son sein des hommes qui ne le céderaient en rien à personne pour les qualités de l'esprit et du cœur. Mais de ceux-là il ne peut être autrement question en ce moment, puisque le suffrage universel, comme un autre Océan, les engloutit presque toujours.

C'est donc aux autres que nous nous adresserons. A eux qui se plaignent si fort d'un despotisme dont ils n'ont jamais souffert, puisque depuis l'abolition de l'ancien régime ils ont toujours su se mettre d'accord avec tous les nouveaux, nous demanderons pourquoi ils prétendent nous imposer une domination plus absolue et plus tyrannique que celle des monarques les plus autoritaires ?

Jamais despote a-t-il eu d'aussi nombreux et d'aussi plats courtisans que les tribuns bourgeois de nos jours ?

Depuis la proclamation de la liberté de l'enseignement supérieur arrachée à la classe bourgeoise qui nous la refusait depuis cinquante ans, nous n'avons pas obtenu une seule des libertés qui font cependant partie du programme de tous les courtisans du suffrage universel ; mais, en revanche, nous arrivons tout droit à l'asservissement de l'Eglise par l'Etat, au rétablissement du divorce, à la désorganisation de l'armée et à son remplacement par la célèbre garde nationale, à la suppression de l'inamovibilité de la magistrature, etc., etc.

Aujourd'hui, nous en sommes rendus à l'élimination des affaires publiques et à la persécution de tous ceux qui ont quelque indépendance de caractère et ne se font pas les obséquieux valets des puissants du jour.

Les corps les plus respectables, les personnages les plus estimables, sont les premières victimes des plus aveugles rancunes. Notre clergé a-t-il jamais été plus digne et plus distingué par la vertu, la science et tous les dons du cœur et de l'esprit ? Il n'est pas jusqu'au plus humble curé de village dont, à peu d'exceptions près, la vie ne soit une prédication vivante, qui ne se fasse le consolateur de toutes les misères de l'âme et du corps. Notre clergé, disons-nous, se voit bafoué, traqué, dénoncé à la haine des populations ; on lui dispute sou à sou le chétif traitement qui n'est, en réalité, qu'une bien faible compensation de ce qui lui a été enlevé jadis, et il semble qu'on ne veuille plus lui laisser le droit de vivre et de respirer.

Et quant à notre armée, n'est-il pas navrant de voir les persécutions et les outrages dont sont abreuvés ces vieux vétérans qui, depuis cinquante ans, ont versé leur sang sur tous les champs de bataille et dont le cœur ne bat que pour la Patrie. On les frappe avec une rigueur barbare parce qu'ils ont servi la France sans s'occuper

du drapeau qui les guidait, et le suffrage universel vient
presque toujours leur donner le coup de pied de l'âne.
Ainsi que l'exprimait récemment un journaliste émérite,
« ne semblent-ils pas dire à nos jeunes gens, avec leurs
membres perclus ou mutilés, ces hommes que l'on con-
damne à aller vivre misérablement au milieu de nos riches
industriels, de nos commerçants millionnaires : Si
vous êtes assez fous pour prendre la carrière des armes,
pour préférer l'honneur à l'argent, voilà comment on
vous récompensera. »

Nous voulons bien admettre que les gouvernements
d'aventure n'ont pu impunément passer sur notre malheureux pays ; mais, malgré tout, notre magistrature
tant vilipendée, tant méprisée, n'est-elle pas ou n'était-
elle pas encore naguère à la hauteur de sa mission ? Eh
bien ! le gouvernement semble aujourd'hui prêter la main
aux radicaux pour la dégrader, pour lui enlever ce noble
caractère d'intégrité et d'indépendance qui l'a distinguée
sous tous les régimes. On s'acharne surtout après ses
membres inamovibles, qui persistent à vouloir faire passer
la justice avant la politique. En revanche, un avancement
rapide, un brillant avenir est offert aux magistrats debout
qui savent se plier à toutes les circonstances et qui
peuvent, avec le même regard de satisfaction, voir un
gouvernement succéder à l'autre et la République passer
par toutes les couleurs de l'arc-en-ciel. Nous pourrions
en citer beaucoup qui, ayant commencé leur carrière sous
l'Empire et montré un dévouement à toute épreuve à la
dynastie impériale, se sont ralliés avec non moins de zèle
à la République de M. Thiers, qui, après avoir poursuivi
de toute la rigueur des lois les candidats indépendants,
rachètent aujourd'hui ces erreurs passagères en courbant

la justice, cette grande et sainte chose, devant les caprices et les exigences de nos gouvernants.

Il en est ainsi à tous les degrés de la hiérarchie, avec cette circonstance aggravante que les magistrats subalternes ont à compter avec les mille petites influences des autres fonctionnaires de tous ordres avec lesquels ils se trouvent en contact.

Si, par exemple, un simple juge de paix de campagne s'attache à remplir ses devoirs d'état sans s'occuper de savoir s'il plaira à Pierre, à Paul ou à Adolphe, ou s'il gagnera les faveurs, non-seulement de son procureur et de ses auxiliaires, mais encore du maire de sa commune, du percepteur, du receveur d'enregistrement, de l'agent-voyer, du cantonnier, du garde-champêtre et du facteur, qu'il prenne garde ; il a mille chances contre une de subir quelque bonne disgrâce ou même une révocation. Lors même que, suivant l'esprit de ses fonctions, il concilierait quarante-neuf affaires sur cinquante, lorsqu'il consacrerait son maigre traitement à des œuvres de bienfaisance, lorsqu'il aurait acquis partout un renom d'impartialité et gagné la confiance de toute une population, s'il ne veut pas agir contre sa conscience en couvrant les turpitudes de l'un ou de plusieurs des personnages dont nous parlions plus haut, s'il ne fait pas plier la loi pour satisfaire leurs rancunes ou leurs caprices, il n'a qu'à se préparer, comme on dit, à aller planter ses choux. On ne lui révèlera pas les véritables motifs de sa disgrâce car ses ennemis auront soin de colorer leur dénonciation d'un prétexte politique ; ils feront du maintion ou de la chute de ce magistrat trop intègre une sorte de question d'Etat, et il sera frappé sans rémission et, bien entendu, sans qu'on lui demande la moindre explication.

Croit-on qu'avec de tels procédés on n'arrivera pas forcément à l'avilissement de la magistrature ?

Ce que nous disons des magistrats peut s'appliquer à tous les autres fonctionnaires. Tel de nos départements a changé douze fois de préfet depuis 1871, tel autre dix fois, vingt autres huit fois, et l'on ne peut nier que, dans ce nombre, ce sont les plus capables, les plus impartiaux, les plus distingués, en un mot, qui ont joui le moins longtemps des faveurs gouvernementales.

Et l'on vient nous parler de la tyrannie et du despotisme de l'ancien régime ! Et les bourgeois de nos jours s'indignent encore de l'absolutisme du grand roi et de la morgue de la noblesse d'autrefois ! Mais si Corneille, si Racine ou Molière, si Boileau ou le bonhomme La Fontaine, si les Bossuet, les Fenélon, les Bourdaloue, si Descartes ou Pascal, si l'illustre homme d'Etat qui s'appelait Colbert, et tant d'autres célébrités plébéïennes et bourgeoises du siècle de Louis XIV, que la protection éclairée et les encouragements du grand monarque révélèrent et produisirent, revenaient en ce monde, nos petits bourgeois ne leur permettraient pas d'approcher d'eux, et si par hasard le suffrage universel les leur présentait, ils les invalideraient.

Certes, nous ne prétendons point que les classes dirigeantes du siècle dernier fussent irréprochables ; mais il n'est aucun de leurs défauts qui ne se reproduisent chez nos gouvernants d'aujourd'hui, auxquels il manque la générosité, la magnanimité, l'enthousiasme du beau et du bien, qui n'ont jamais cessé d'être l'apanage des grands d'autrefois au milieu même de leurs erreurs et de leurs faiblesses.

Au reste, sont-ce les médecins qui figurent en si grand

nombre à la Chambre et dans tous les corps électifs, qui connaissent l'esprit, les mœurs et les aspirations de tout un pays? Cela ne s'apprend pas dans les hôpitaux ni auprès des malades. Ils ne se sont jamais rendu compte le moins du monde de l'état des principaux organes vitaux du pays ; ils n'ont jamais pris la peine d'étudier son tempérament et, pour parler leur langage, ils n'ont jamais pensé à l'ausculter. Cependant, consultez-les sur le régime qui lui convient le mieux. Leur réponse est toute prête : la République. Et si vous vous hasardiez à objecter que le malade ne vous semble guère en état de supporter un pareil régime, comme le Macroton de Molière, ils vous répliqueraient volontiers qu'il vaut mieux mourir selon les règles, que de réchapper contre les règles.

Il est bon de remarquer, comme nous l'avons laissé entendre, que le suffrage universel ne regarde pas d'un œil aussi favorable, parmi les médecins, ceux qui guérissent le mieux les maladies du corps et encore moins ceux qui s'avisent de signaler nos maladies morales.

Le docteur Clémenceau, par exemple, qui n'est pas précisément célèbre par sa science médicale, peut-il avoir acquis, en fait de science politique, autre chose que ce qui concerne tout spécialement Paris? Et encore !... Mais cela suffirait-il pour le proclamer capable de gouverner la France entière?

On a dit, il est vrai, que Paris est la tête du pays, mais la tête n'est pas tout le corps, et, quand on est médecin, on doit savoir que lorsqu'un malade se plaint de douleurs à la tête, ce n'est pas la tête presque toujours qu'il faut examiner, ce n'est pas sur elle qu'il faut agir, mais bien sur d'autres organes non moins utiles, non moins nécessaires où se trouve le siège de la maladie.

Quant aux soins ou au régime à administrer ou à prescrire à un pays, vous ne connaissez rien si vous ne connaissez que la tête, et vous êtes tout-à-fait incapable de le maintenir en bon état ou en bonne santé lorsqu'il y est, et absolument impuissant à lui rendre la santé ou la prospérité, quand il l'a perdue.

Ce que nous disons de M. Clémenceau s'applique à la plus grande partie de nos représentants et à tous les médecins en général, et nous croyons que, pour représenter les intérêts de leur honorable corporation, trois ou quatre fils d'Esculape suffiraient à la Chambre.

Moins encore que les médecins, les avocats et les journalistes possèdent les qualités nécessaires pour faire de bons législateurs. Mais, dira-t-on, l'avocat, habitué à manier la parole, est mieux à même que tout autre de discuter les intérêts publics ! Erreur. Cette facilité d'élocution provient justement d'une grande versatilité d'esprit, et c'est précisément parce qu'il n'a de conviction arrêtée sur rien, que l'avocat est toujours si admirablement prêt à parler sur tout.

Nous ne disons point qu'un avocat ne puisse avoir ou acquérir les aptitudes nécessaires pour faire un homme de gouvernement ; tous, nous avons sur les lèvres les noms de ces hommes distingués, qui, par leur éloquence et par les qualités exceptionnelles de l'esprit et du cœur, illustrèrent la Tribune française aussi bien que le Barreau, qui, aujourd'hui encore, sont toujours debout pour défendre la justice, la liberté, la vérité, l'honneur. Ce que nous voulons constater simplement, c'est qu'il est plus difficile à un avocat qu'à tout autre de devenir un bon législateur et de se délivrer des défauts pour ainsi dire inhérents à sa profession.

Presque toujours l'avocat en arrive à avoir plus d'esprit
que de cœur, plus de finesse que d'honnêteté. Au lieu de
la science des hommes et des choses, il acquiert plutôt la
connaissance des manœuvres destinées à obscurcir l'esprit
des juges ou à gagner leurs bonnes grâces. Or, un bon
législateur doit, au contraire, avoir plus de cœur que d'esprit, plus d'honnêteté que de finesse, et une profonde connaissance des hommes et des choses préférablement à
celle des lois.

D'ailleurs, est-ce qu'il ne serait pas plus conforme aux
intérêts du pays, plus juste à tous égards, qu'il y eût aussi
moins d'avocats et de journalistes dans nos corps électifs,
et plus de gens pratiques, plus d'agriculteurs, plus d'industriels, etc. ? Quand il n'y en aurait qu'une vingtaine à
la Chambre, ne serait-ce pas assez, pour soutenir l'inva-
lidation de ceux qui pensent que les plus belles paroles ne
valent pas la moindre bonne action ?

Enfin, nous dira-t-on, ce n'est pas tout de critiquer.
Mais où est le remède aux maux que vous dépeignez ?

Le remède est en nos mains ; il ne dépend que de nous,
de l'appliquer. Pour cela, nous n'avons simplement qu'à
nous rappeler une parole de Victor Hugo : « L'avenir, a-t-
il dit, appartient encore plus aux cœurs qu'aux esprits. »

Nous l'avons déjà exposé, des hommes de cœur, il y en
a dans toutes les classes de la société, dans tous les partis.
Pourquoi donc les laissons-nous à l'écart et abandonnons-
nous les destinées de notre cher Pays aux ambitieux et
aux intrigants ?

Les hommes de cœur n'acceptent aucune mission sans
en remplir tous les devoirs ou sans avoir la ferme intention de travailler à n'être jamais au-dessous de leur

tâche. Voilà pourquoi ils sont si sobres de promesses et pourquoi ils ne briguent point les faveurs publiques. Mais c'est à nous d'aller les tirer des retraites où ils se cachent pour les faire monter aux postes qu'ils sauraient si bien occuper, pour notre plus grand intérêt et celui de la Patrie.

CONCLUSION

Ce qu'il faut surtout empêcher en France,
c'est l'avènement de la légitimité, car elle
représente les idées d'ordre, de droit et de
religion qui sont les seuls éléments sociaux
de conservation et de grandeur.

BISMARCK.

Nous avons examiné le plus rapidement possible la conduite et les sentiments de la classe qui détient le pouvoir aujourd'hui, de cette bourgeoisie que le suffrage universel a substituée à la noblesse et au clergé dans la direction des affaires publiques. Nous savons aussi à quoi nous en tenir sur les différentes classes de la société que cette bourgeoisie entend frapper d'ostracisme et qu'elle signale à la haine du peuple. Enfin, nous avons vu dans quel piteux état elle a mis notre pays, quelle situation elle a faite au travailleur et comment elle s'est occupée des pauvres, des faibles auxquels elle avait promis tant et de si belles choses.

Il nous reste maintenant à rechercher, d'une manière plus pratique, sur qui nous pouvons compter pour enrayer le fatal courant qui entraîne la France aux abîmes.

M. Thiers, se plaçant à un autre point de vue que Victor Hugo, a dit : L'avenir est aux plus sages.

Quels sont les plus sages, de ceux qui, après avoir fondé la République, en violent constamment toutes les lois et surtout celles qui en sont la base fondamentale — ou des hommes qui, n'ayant point participé à son établissement, se sont soumis à la Constitution républicaine et se tiennent néanmoins constamment sur la brèche pour défendre pied à pied ce dernier rempart contre les assauts de ceux-là même qui l'ont édifié ?

On ne saurait trop le répéter, la République n'a si long-temps duré en France que parce qu'elle est restée pendant plus de sept ans sous la direction des monarchistes. — Depuis qu'elle est retombée aux mains des Républicains, on peut dire, suivant la parole de M. de Marcère, l'un de ses plus chers ministres, qu'il n'y a plus de gouvernement. Et en effet, tous les honnêtes gens qui travaillent, les hommes sérieux et qui pensent au lendemain n'ont plus aucune des garanties de sécurité et d'ordre auxquelles ils ont droit.

Il ne faut pas confondre la République, en elle-même, qui est le gouvernement légal du pays avec le parti qui a accaparé le pouvoir en se débarrassant de tous ceux qui ne sont pas affiliés à sa coterie. La République, gouvernement du pays, a droit à nos respects, mais nous ne pouvons pas en dire autant du parti.

La République, comme le mot l'exprime, c'est la chose de tous. Elle appartient à l'ouvrier, à l'agriculteur, au commerçant, à l'industriel, au noble ; elle est encore au soldat, au magistrat et même au prêtre, tout aussi bien qu'à vous, gros et riches bourgeois. Est-ce que le travailleur des villes et des campagnes, est-ce que le noble, est-ce que le militaire, est-ce que le prêtre lui-même n'ont pas fait autant et plus que vous pour cette Patrie dont vous revendiquez la direction exclusive, et aux dépens de laquelle vous voulez vivre grassement ? Au jour du danger, vous êtes-vous levés seuls pour la défendre ? Où sont vos lauriers ? Est-ce vous seuls ensuite qui avez pansé ses plaies, et qui l'avez délivrée du joug de l'étranger ? En un mot, si tous ceux que vous poursuivez de votre haine venaient à disparaître, suffiriez-vous seuls ensuite à sa gloire ?

En France, on se paie facilement de mots, et pour colorer les motifs de leur répulsion pour tout ce qui est grand, généreux, intelligent, nos bourgeois dirigeants affirment qu'eux seuls sont de bons, de vrais républicains.

Ah ! si l'on entend par républicain un partisan sincère de toutes les libertés vraies, de toutes les réformes utiles, d'une répartition plus équitable des charges sociales; — si l'on veut bien ne pas enlever ce titre à l'admirateur passionné de toutes nos gloires, de tous les grands hommes qui ont illustré le pays; à l'amateur de tout ce qui peut rendre prospère et puissante la chose publique, notre belle Patrie, oh ! alors, nous n'hésitons pas à le déclarer, nous le sommes, républicain, personne ne l'est plus que nous.

Mais si, pour être républicain, il faut, sous prétexte de liberté de conscience et de fraternité, outrager et persécuter tous ceux qui ont la moindre foi religieuse, bafouer les hommes qui croient à l'existence de Dieu, à nos destinées immortelles, aux devoirs de la famille, au sentiment patriotique; — s'il faut, tout en criant vive la tolérance et la liberté, se joindre à ceux qui veulent im-

poser aux générations présentes et à venir leurs volontés
et leurs opinions sur tel ou tel système d'éducation,
c'est-à-dire se rendre complice de la plus odieuse tyrannie ; — s'il faut réserver son admiration et toutes ses
génuflexions pour les hommes qui ont le talent de s'élever
sur les ruines du pays ; — s'il faut ménager tous ses
mépris pour les âmes élevées, les hommes de mérite qui
ont tout fait et qui font tout pour lui conserver son vieil
honneur, oh ! alors, il est évident que tous ceux qui ont
la moindre intuition de la justice et de la vérité, ne
peuvent plus être rangés dans ce parti.

De sorte que les hommes mêmes qui, par nature, sont
républicains, se trouvent réduits à l'être à la façon de
ceux qui en ont toutes les qualités, mais qui, connaissant
mieux les mœurs, l'esprit et le tempérament de notre
pays, estiment que le meilleur moyen de propager les
vertus essentiellement républicaines, c'est-à-dire le respect des lois, le patriotisme, l'esprit religieux, le désintéressement, le véritable libéralisme, c'est de rappeler à la
tête de la France celui qui n'a jamais voulu en transgresser
les lois.

Au fond, le peuple français ne veut, ne désire qu'une
chose : un gouvernement ferme et honnête qui se fasse
respecter au dedans comme au dehors, et qui permette à
chaque citoyen de gagner tranquillement sa vie sans trop
payer d'impôts.

Ce qu'il faut à la France, un éminent écrivain l'a parfaitement décrit et nous ne pouvons mieux faire que de
le retracer : « C'est un gouvernement fondé sur le respect
» de l'autorité et le sentiment du devoir, un gouverne-
» ment conforme aux mœurs et aux goûts de la nation,
» portant en soi l'extinction des haines sociales et l'ordre

» dans la liberté ; pouvant nous procurer l'alliance des
» plus honnêtes parmi les nations du monde et imposant
» le respect aux autres. Il faut aussi à la tête du pouvoir
» un homme qui ne soit en rien compromis, qui inspire
» la confiance à tous et soit honoré par ses ennemis
» eux-mêmes, un homme vers qui se tournent naturelle-
» ment toutes les intelligences, tous les dévouements,
» tous les hommages, comme vers le représentant le
» plus pur et le résumé de la Patrie. »

A quoi voulez-vous en venir, nous dira-t-on ? Avez-vous l'intention de nous courber encore sous le joug du despotisme ? — Gavroche, dans les *Misérables,* ne parle pas mieux. — Ne savez-vous pas que tous vos monarques sont forcément des tyrans ?

Comment cela ? Vous reconnaissez vous-même la nécessité d'un chef dans une République. Est-ce donc que le seul titre de Président donne comme par enchantement les qualités nécessaires pour bien gouverner ? Nous avons pu cependant nous convaincre, par de douloureuses expériences, qu'il n'en est rien. Thiers est descendu du pouvoir parce que le Parlement auquel, pendant deux ans, il imposa ses volontés, ne voulait plus lui obéir. Mac-Mahon, après s'être mille fois soumis aux exigences des mandataires de la nation qui trouvaient que nous n'allions pas assez à la dérive, s'est enfin décidé à faire le plongeon et à abandonner le navire dont il avait été constitué le pilote, lorsqu'il s'est aperçu que l'on allait se briser sur les récifs. J. Grévy ne se soumettra jamais, parce qu'il est bien décidé à se démettre lorsqu'on le placera entre les deux alternatives.

D'ailleurs, avant la forme de gouvernement, il y a la

loi que le Chef de l'Etat, qu'il soit roi ou président de la République, tient pour inviolable et jure d'observer.

Du moment où l'on reconnaît la nécessité d'un magistrat suprême, qu'importe après tout à un républicain honnête et sincère, c'est-à-dire à un ami de la justice et de la liberté, le nom de ce chef? Ce qui est indispensable pour fonder un gouvernement solide, durable et honnête, c'est l'égalité de tous les citoyens devant la loi, c'est le respect de la loi, c'est une répartition équitable des charges sociales, c'est une sollicitude constante pour les moins favorisés de la fortune, c'est la liberté, la justice, la fraternité, le retour au sentiment religieux.

Nous avons vu comment nos prétendus républicains pratiquent les vertus républicaines, combien ils sont impuissants à nous donner tous les biens précieux qu'il nous promettent.

Même en principe, la Monarchie est, aussi bien que la République, le gouvernement de la chose de tous; mais en pratique, une Monarchie tempérée doit arriver à des résultats incomparablement meilleurs. C'est, de plus, la seule soupape de sûreté contre les excès du suffrage universel ; seule, elle peut suppléer au manque de vertu politique de la nation. Aussi est-ce à juste titre que Châteaubriand a dit : « Je suis républicain par nature et monarchiste par raison. »,

Quant à ces préjugés ineptes ou à ces mensonges qu'on se plaît à colporter aujourd'hui, et d'après lesquels la Monarchie nous ramènerait les abus de l'ancien régime, des gens sérieux, nous l'avons prouvé, ne sauraient s'y arrêter.

Que nous restions en République, que nous retournions en Monarchie, il y a des transformations sur lesquelles il est impossible de revenir. L'épée n'est et ne sera plus jamais exclusivement l'arme du noble; toutes les carrières resteront désormais accessibles à tous; le paysan pourra toujours, comme aujourd'hui, devenir ministre ou député; les professions libérales seront toujours ouvertes à l'ouvrier. Il y aura toujours de la *misère*, parce qu'il y aura toujours de la vieillesse invalide, de la virilité infirme, de la pauvreté estropiée, des *maladies*, parce qu'il y aura toujours des passions et des vices; — mais il n'y a plus et il n'y aura plus, en fin de compte, que des riches et des pauvres, des esprits plus ou moins cultivés, des hommes plus ou moins moraux et honnêtes, et, il faut le dire, la République telle qu'elle est pratiquée de nos jours, en excitant les convoitises des déshérités de la fortune, en les animant contre les riches, en leur enlevant le sentiment religieux, seul frein efficace contre leurs passions, aggrave bien plus que la Monarchie les inconvénients résultant de ces différences inévitables.

Nous ne voulons de la domination exclusive d'aucune classe, pas plus de la bourgeoisie qui nous exploite depuis quatre-vingts ans, que du clergé et de la noblesse que nous avons eus à notre tête pendant dix-huit siècles. Nous demandons qu'en toute justice toutes les classes de la société participent réellement au gouvernement du pays.

Ce n'est point à l'Empire que nous demanderons la réalisation de nos vœux; de trop douloureuses expériences nous ont démontré combien ce régime a toujours été fatal à la France.

Pourquoi, lorsqu'il s'agit des intérêts de notre Patrie, ne s'inquiète-t-on pas davantage de ce que pensent et désirent certains gouvernements étran ;ers ? Ce serait pourtant de bonne politique. Voici, par exemple, des paroles de M. de Bismarck que nous devrions bien mettre à profit :

« Ce qu'il faut surtout empêcher en France, c'est l'avènement de la légitimité, car elle représente les idées d'ordre, de droit et de religion qui sont les seuls éléments sociaux de conservation et de grandeur. »

La royauté, en effet, avec la maison de France, ses grands souvenirs, ses traditions d'honneur, son sage libéralisme, la noblesse de caractère et la loyauté de ses augustes représentants, est le seul gouvernement qui puisse donner à la France les garanties de justice, d'honnêteté et de liberté auxquelles elle a droit.

Il est certain que si le suffrage universel distribuait, comme cela devrait être, ses faveurs suivant les mérites de chacun, nous verrions bientôt le comte de Chambord à notre tête. L'esprit de parti le représente comme un absolutiste, et, en réalité, il n'y a pas en Europe de constitutionnel plus sincère que lui. Exempt de préjugés et d'ambition, plein de droiture et de franchise, très-éclairé et doué d'une grande intelligence, sa bonté, sa simplicité et toutes ses qualités le mettent tout-à-fait à la hauteur de son temps.

Ennemi des priviléges, il veut que chacun ait un libre accès à tous les emplois, à tous les honneurs, à tous les avantages sociaux.

Prenons ses propres déclarations afin de nous rendre mieux compte de ce que serait son gouvernement :

« Je ne m'informe ni du nom, ni de l'origine, ni de la fortune de ceux qui veulent bien venir à moi. Les mérites, les talents, les services rendus au pays, voilà, à mes yeux, la seule distinction.

» Je ne veux pas revenir pour régner par un parti ; j'ai besoin de tous et tous ont besoin de moi ; je n'aurai pas trop du concours de tous les talents, de toutes les capacités, de tous les caractères honorables, de tous les cœurs qui aiment sincèrement la Patrie, pour m'aider à remplir les devoirs qui me seraient imposés.

» Nous aurions à venir au secours des classes pauvres, à défendre les intérêts des ouvriers, à protéger l'agriculture, le commerce, l'industrie, et, au-dessus de tout cela, nous placerions toujours une grande chose, l'honnêteté, l'honnêteté qui n'est pas moins une obligation dans la vie publique que dans la vie privée.

» Vous pouvez mieux que tout autre, écrivait-il récemment au comte de Mun, me servir d'interprète auprès de ces classes laborieuses, objet constant de mes préoccupations, auprès de ces chers ouvriers entourés de tant de flatteurs et de si peu d'amis vrais. »

On peut avoir telle opinion politique que l'on voudra, mais un homme de cœur, à quelque parti qu'il appartienne, ne méconnaîtra pas l'élévation exceptionnelle en même temps que la simplicité d'un tel langage.

Nous savons, d'ailleurs à n'en pouvoir douter que le comte de Chambord est l'homme du devoir dans toute l'acception du mot, et que son abnégation est si grande, son dévouement à la France si absolu, qu'il n'a jamais voulu faire la moindre démarche susceptible de compromettre son repos ; de même, qu'au prix même de la couronne, il n'a point consenti à la moindre équivoque. — Intervertissez les rôles ; supposez qu'un de nos gouvernants actuels n'eût eu, pour être appelé à régner sur la

France, qu'à renoncer à ce drapeau tricolore auquel ils se prétendent pourtant si attachés, combien pensez-vous qu'il s'en fût trouvé à repousser cette combinaison ?

Cette question de drapeau qui se rencontre sous notre plume, n'est-elle pas, du reste, une nouvelle preuve ajoutée à mille autres de notre funeste disposition à nous attacher aux mots, à l'étiquette et à ne jamais pénétrer au fond des choses ?

En quoi le drapeau tricolore, le drapeau bourgeois qui a abrité la Terreur, les invasions de 1814 et 1815, l'aventure de 1830, l'échauffourée de 1848, le Coup-d'État, l'unification de l'Italie et de l'Allemagne, les guerres perpétuelles de l'Empire, le drapeau de Metz, de Sedan, de la dictature, du démembrement et de la ruine, est-il préférable à ce vieux drapeau blanc à l'ombre duquel la France a été tirée du néant, cette France d'Henri IV et de Louis XIV dont la puissance faisait trembler l'Europe, et dont la littérature et les arts rayonnaient et rayonnent encore sur le monde entier. — Ce drapeau, enfin, qui, avant de disparaître nous a légué la seule gloire durable, la seule conquête sérieuse de la France du XIXe siècle : l'Algérie.

Comprenons donc enfin le vide de ces grands mots avec lesquels on nous mène et on nous berne depuis un siècle ; et rendons à notre Pays le seul régime qui soit compatible avec ses mœurs et son tempérament.

Ce n'est pas tant, d'ailleurs, parce qu'il est le descendant de nos anciens rois, que parce qu'il n'existe aucun homme plus digne d'être placé au premier rang, que nous devons réclamer l'avènement de M. le comte de Chambord.

Que tous ceux que les scandales, le despotisme, les

turpitudes de tout genre de nos prétendus républicains,
ont dégoutés et écœurés, se rallient à cette grande figure
et, sous l'étiquette de la Monarchie, la France aura
reconquis la seule République possible.

14448. — Nantes, Imp. administrative de Paul Plédran, quai Cassard, 5.

www.ingramcontent.com/pod-product-compliance
Lightning Source LLC
Chambersburg PA
CBHW061250060726
47596CB00002B/520